アクティブ・ラーニング対応！
養護教諭の実践に活きるワークシート・資料

養護教諭ワークシート開発研究会 編著

代表・三木とみ子　企画協力・大沼久美子

ぎょうせい

まえがき

　養護教諭は、従来にも増して実践力や指導力を身につけ、学校保健活動の中核となって日々の実践をアクティブにつなぎ、ひろげ、さらに深める必要があります。

　これからの教育には、アクティブ・ラーニングの視点に立った指導や取組が求められています。中央教育審議会教育課程企画特別部会の論点整理では、学習指導要領改訂の方向性として「何を知っているか、何ができるか（個別の知識・技能）」「知っていること・できることをどう使うか（思考力・判断力・表現力等）」「どのように社会・世界と関わり、よりよい人生を送るか（学びに向かう力、人間性等）」を示しています。

　養護教諭の実践においても、保健室経営や保健指導等々の活動において知識を単に与えるだけではなく、知っていることやできることをこれからの人生に使っていくことができるような取組を行う必要があります。

　アクティブ・ラーニングは、必ずしも保健指導等に限定したものではなく、養護教諭の職務全般に活かす必要があります。

　学校保健安全法第7条、第9条では、養護教諭が中心となって「保健指導」を行うことや、保健室を置く目的として保健指導が法的に位置付けられました。さらに、中央教育審議会答申では、養護教諭が学校保健活動の中核的役割を担うこと、いじめや児童虐待への対応は養護教諭の職務の特質を活かし、そのコーディネーター的役割を果たすことが指摘されています。すなわち、近年の児童生徒の健康問題や社会環境の変化を踏まえ、これまでの職務の役割を果たすことをベースとしつつ、「大きく変わる養護教諭の役割」「大きく変わる保健室の機能」と言えることになります。

　これからの養護教諭は、より一層専門的に、より一層チームとして、幅広い学校保健活動に対応できる資質能力や知識・技術が求められます。

　本書は、これらを踏まえ、養護教諭が行う保健教育、保健管理等幅広い活動のための「専門性を深めたワークシートや実践資料」を検討し、これからの時代に即した養護実践ができることを願い作成しました。

　本書の特徴は、以下の通りです。
- 日常、実践のなかで必要と思った「ワークシート」や「資料」作成のきっかけを取り上げたこと。
- 作成した「ワークシート」や「資料」について、指摘されている各種答申及び法的根拠について必要があれば記述したこと。
- 「ワークシート」や「資料」作成に当たっての配慮事項を記述したこと。
- 作成する「ワークシート」や「資料」について「ここが特徴」、「ここが工夫点」等について、吹き出し等で表記したこと。
- 作成した「ワークシート」や「資料」の原本を掲載し、そのままコピー等ですぐに使えるようにしたこと。

　また、これらの作成の観点を基盤に、以下のような内容構成にしています。
＜保健管理＞1救急処置／2健康診断／3疾病予防／4環境衛生／5健康観察／6健康相談・健康相談活動
＜保健教育＞1保健指導／2保健学習／3児童生徒保健委員会

＜保健室経営＞１保健室経営／２ヒヤリ・ハット
＜保健組織活動＞１校内研修／２教員対象
　以上のように、養護教諭が関わっているすべての活動を対象としました。

　本書が、養護教諭の実践に一層輝き、その先の子供たちの心身共に健康で生涯にわたる生きる力につながることを確信しています。

　最後に、出版に際し多くの養護教諭の皆さんにご協力いただきました。また、出版社ぎょうせいの編集部はじめ関係者の皆様に心から感謝の意を表する次第です。

　平成28年10月

養護教諭ワークシート開発研究会／代表
女子栄養大学名誉教授　三　木　とみ子

本書の利用にあたって

　養護教諭の職務を実践していく中で、「今使いたい」「こんな資料があったらいいのに…」「転勤したけど、資料がない」「急に保健指導を頼まれたけど、資料がすぐには準備できない」「すぐに使えるワークシートや資料がないかな…」といった場面に遭遇することを特に経験の浅い養護教諭から耳にする。また「アクティブ・ラーニングという言葉を最近よく聞くけど、養護教諭に関係あるの？」といった声もある。本書は、それらの声に応えるべくテーマを企画している。

　特に「アクティブ・ラーニング」については、授業手法として用いられるが、その趣旨としては、「子供の思考を活性化させる」ことにある。「教師は授業で勝負する」という言葉があるが「養護教諭は保健室での対応で勝負」している。養護教諭にとって日々の保健室での対応に指導力が試されている。その際、子供が自ら考え、主体的に判断し、行動できるよう養護教諭が導くことは、養護教諭の力量による。保健室の日々の対応場面において「アクティブ」な手法を取り入れ、日常的に子供の思考を活発化させることが求められるのである。

＜使い方の例１＞　アクティブ・ラーニングの視点を活かした保健指導（個別・集団）に使えるワークシート―「思考ツール」を使ってみよう！―

　「生きる力」とは「確かな学力」「豊かな心」「健やかな体」で構成される。中でも、「確かな学力」とは、基礎的な知識及び技能を習得させる（基礎的・基本的な知識技能の習得）と共に、これらを活用して課題を解決するために必要な思考力、判断力、表現力その他の能力を育み（思考力・判断力・表現力の育成）、主体的に学習に取り組む態度（学習意欲及び学習習慣・生活習慣）を養うこととして、学校教育法第30条第2項に定めている。

　この中で課題の発見と解決に向けた思考力・判断力・表現力を育むことが現代の学校教育に求められている。アクティブ・ラーニングは、課題の発見と解決に向けた主体的・協働的な学習・指導方法であるとされ注目を浴びている。

　本書が保健指導や校内研修で取り入れた「思考ツール」は、一人一人の頭の中にある考え（思考）を表出させ、知識と知識を結びつけ、考えることを訓練することにより思考力を育む教材の一つである。健康課題は生活習慣に密接に関連しており、児童生徒だけでなくその保護者や教職員に共通するテーマである。ゆえに身近なテーマとして捉えることができる。

　養護教諭が行う保健指導（個別や集団）や保健学習、養護教諭が企画立案して行う校内研修等を通じて「思考ツール」を活用し、健康・安全について身近な学習課題を発見し、解決する学習（日常生活の体験や事例などを用いて健康課題の解決方法を考える学習、応急手当などの実習、実験などを取り入れて理解を深める学習、危機管理訓練など）を示している。児童生徒、教職員の頭の中が、考えることでアクティブになるよう、本書で示したワークシートを活用することで、主体的・協働的に健康課題を解決できる力を育んでいただきたい。（危機管理想定訓練、食物アレルギー校内対応研修、姿勢指導ほか）

＜使い方の例２＞　「存在としての保健室」から「機能する保健室経営」のために

　保健室は学校保健活動のセンター的役割を担っている。その保健室を主たる活動の場としている養護教諭は、児童生徒の実態をあらゆる角度から分析、検討し「見える化」していかなければならない。

保健室来室記録は、来室者の訴えや症状を記録し、来室状況を把握するために作成している。記録カードに確認すべき項目を掲載し、それに基づきアセスメントをしていくことにより系統的に見落としなく評価することができる。また副次的効果として、養護教諭と子供が会話を交わし、バイタルサイン等、直接身体に触れて観察する相互関係の中で、子供自身が自らの身体の状態や症状、生活習慣や行動を振り返る（省察する）ことができるなどの保健指導の効果がある。さらには学級担任や教科担任等との連携のツールとして活用できる。保健室来室記録は単なる記録にとどまらず、「子供を主体」として、養護教諭と子供、学級担任等との相互関係の中で成り立つ、機能するワークシートとして活用していただきたい。

　健康観察や保健日誌、健康相談事例記録シートや食物アレルギー対応シート等についても、養護教諭の活動を「見える化」し、学校組織の一部として有機的な関わりができるような手順を示しているので、是非とも活用していただきたい。（保健室来室記録、日常の健康観察の工夫、保健日誌、保健室経営計画、複数対応記録表ほか）

＜使い方の例３＞　「あったらいいな」「あると便利！」ワークシート・資料

　日常の養護実践での便利グッズや簡単に作れる掲示物の工夫、すぐに使える資料を掲載するなど、日々忙しい養護教諭が自校の実態に即して、少しアレンジすれば使える素材を掲載した。いずれも簡単に作成できる資料であるので是非とも活用していただきたい。（生徒保健委員会、宿泊行事事前指導、健康診断資料、疾病予防など）

　ワークシートや資料は、使ってみて初めて活かされるものと考える。
　学校や子供の実態に即してアレンジしつつ、活用してほしい。そのため、ダウンロード版を提供し、データとして活かすことができるようにしている。
　本ワークシートや資料を活かした実践は、是非とも筆者にお知らせいただければありがたいと考える。

平成28年10月

企画協力
女子栄養大学准教授　大　沼　久美子

<目　　次>

まえがき／三木とみ子
本書の利用にあたって／大沼久美子

<保健管理>

1　救急処置
　No.1　保健室来室カード＜内科編＞（見て、聴いて、触れてアセスメント）……… 2
　No.2　保健室来室カード＜外科編＞（見て、聴いて、触れてアセスメント）……… 6
　No.3　頭部打撲等アセスメントシート …………………………………………………… 10
　No.4　「先生、お腹が痛い」と来室した児童生徒の腹痛アセスメント（初期対応）… 14
　No.5　高等学校における精神症状アセスメントシート ………………………………… 18

2　健康診断
　No.1　健康診断事前指導（四肢の状態）………………………………………………… 21
　No.2　小学校での健康診断で使えるポスター（視力検査、聴力検査、尿検査、心臓検診）……………………………………………………………………………………… 23
　No.3　中学校での健康診断で使える指導資料（視力検査、聴力検査、尿検査、心臓検診）……………………………………………………………………………………… 28
　No.4　高校生の歯科検診事後指導「生活習慣振り返りチェックシート」の工夫 …… 33
　No.5　一目でわかる就学時健康診断実施計画 …………………………………………… 35

3　疾病予防
　No.1　保健調査票のまとめ・一覧表の工夫 ……………………………………………… 39
　No.2　インフルエンザ流行期の対応 ……………………………………………………… 41
　No.3　ノロウイルス等感染性胃腸炎の拡大防止の取組み ……………………………… 43

4　環境衛生
　No.1　学校環境衛生の日常点検表 ………………………………………………………… 45

5　健康観察
　No.1　日常の健康観察の工夫（朝の健康観察表及び実施マニュアル）……………… 50
　No.2　非常災害時の心の健康観察票（心と体のヘルシーチェック）………………… 56

6　健康相談・健康相談活動
　No.1　健康相談・健康相談活動 109 の視点一覧表 ……………………………………… 58
　No.2　子供の心と体の確かな観察「ヘルスアセスメント」…………………………… 62
　No.3　養護教諭が行う「心理的・社会的アセスメント」……………………………… 66
　No.4　保健室登校　記録カード …………………………………………………………… 72
　No.5　「睡眠カレンダー」による睡眠の実態の「見える化」………………………… 74
　No.6　食物アレルギー相談シート（保護者との面談・相談から連携が始まる）…… 77
　No.7　健康相談・健康相談活動　事例記録用紙 ………………………………………… 80

＜保健教育＞

1　保健指導
- No.1　「活動実施案」の活用による保健指導 ……………………………………………… 84
- No.2　個別指導の手順（学校保健安全法第9条対応）
　　　―対象者の把握から指導の実施と評価― ……………………………………… 86
- No.3　歯科保健指導の工夫～アクティブに自分の歯と向き合う授業づくり～ ………… 88
- No.4　手洗い指導―なぜなぜ手あらい？　ピカピカ手あらい― ………………………… 94
- No.5　姿勢指導―正しい姿勢でステップアップ― ………………………………………… 96
- No.6　短時間でできる食に関する指導 ……………………………………………………… 98
- No.7　宿泊行事における事前・実施中の健康チェックシート及び事前指導資料 …… 102
- No.8　宿泊行事における事前の保護者説明会資料 ……………………………………… 106
- No.9　高等学校の応援部に対する熱中症指導（部活動編） …………………………… 110
- No.10　文化祭における食品取扱団体への指導 …………………………………………… 114

2　保健学習
- No.1　実験動画等を取り入れた喫煙・飲酒・薬物乱用防止の指導 …………………… 117

3　児童生徒保健委員会
- No.1　児童生徒保健委員会の活動計画 …………………………………………………… 121
- No.2　生徒保健委員会の活動実践（高校における生徒保健委員会が作る薬学講座）…… 123

＜保健室経営＞

1　保健室経営
- No.1　学校保健年間計画作成と周知 ……………………………………………………… 126
- No.2　一目でわかる新たな時代の「保健室経営計画」の工夫 ………………………… 128
- No.3　新たな時代の保健室経営、複数対応記録表
　　　～異なる課題をもった複数来室者への保健室における対応～ ………………… 133
- No.4　保健日誌の記録の工夫 ……………………………………………………………… 135
- No.5　養護教諭不在時の対応フローチャート …………………………………………… 137

2　ヒヤリ・ハット
- No.1　ヒヤリ・ハット振り返りシート（省察・熟考し学び合おう！）………………… 139

＜保健組織活動＞

1　校内研修
- No.1　「万が一」の時のために～教職員を対象とした危機管理想定訓練～ ………… 142
- No.2　食物アレルギー対応校内研修の実際（自校の実態に即した対応の検討）…… 146

2　教員対象
- No.1　教員のメンタルヘルス～心の健康を保つための校内研修～ …………………… 150

養護教諭ワークシート開発研究会

保健管理

1　救急処置

No.1

保健室来室カード〈内科編〉（見て、聴いて、触れてアセスメント）

1．作成した理由（作成したきっかけ）

　体調不良等で来室する児童生徒に丁寧に対応することにより、心身共に安心して学校生活を送ることができる。しかし、保健室来室者が多い場合、一人一人の対応に時間を長くかけることはできないこともある。そこで、最低限見落としてはいけない症状・サインをもれなくチェックし判断するため、また、対応の根拠となるアセスメントに必要な項目（問診、視診、触診、打診等）を盛り込んだ保健室来室カードを作成した。

2．本ワークシート（資料）の特徴と作成の根拠

・主訴や部位、性状などの問診及び体温、脈拍、口腔内の観察など、視診、触診などの検査を、チェックシートの項目に沿って実施できる。
・短時間で記録できるよう、文章での記述欄を最小限にした。
・自分の現在の状態を生徒が記入することで、自己の健康状態を振り返ることにつなげられる。来室を繰り返す児童生徒に対して、以前の記録を見ながら保健指導や健康相談活動に活用することができる。
・さらに、触診、打診などのプロセスを通して、子供の身体に触れることで子供の安心感とタッチによる非言語コミュニケーションが深まる。

　　　関連法規等
　　○学校保健安全法第7条（保健室）、第9条（保健指導）、○平成20年中央教育審議会答申

3．アクティブな活用場面及び活用の際の工夫・留意点

・「保健室からの連絡」と「来室の記録（保健室控え）」を1枚の用紙に並べて印刷し、記録が終わったら半分に切って「保健室からの連絡」を退室時に児童生徒に教室へ持たせる。→学級担任、授業担当者への連絡
・「来室の記録」を綴っておき、学級担任との情報交換や健康観察簿との整合性を確認するなど、生徒指導・教育相談における情報提供として活用する。
※低学年の児童は自分で記録をすることは難しいので、「来室の記録（保健室控え）」側のみを養護教諭又は教員が記録し、控えておく。

4．記入のポイント

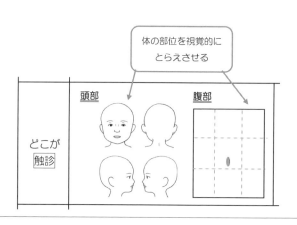

|内科（体調不良者）用|

保健室からの連絡

学級担任　　　様
授業担当者　　様

保健室に来室した生徒の様子について、下記の通り連絡いたします。　　担当

	年　　　　組　　　氏名　　　　　　　　　　　　　　　　　　　　　男・女		
体温	①　　度　　分（　　：　　） ②　　度　　分（　　：　　）	脈拍	①　　　回／分（　　：　　） ②　　　回／分（　　：　　）
睡眠	就寝（　　　　：　　　　） 起床（　　　　：　　　　）	朝食	食べた ・ 少し食べた ・ 食べない 食欲　あり ・ なし
↓	**来室したときの体調について書いてください。**		
症状	頭痛　気持ち悪い　めまい　寒気　だるい　のどが痛い　咳　鼻水 腹痛　吐き気　嘔吐　下痢　その他（　　　　　　　　　　　）		
いつ	今日より前から　　朝から（　家にいるとき ・ 登校中 ・ 登校後　） 授業中　　　時間目（教科　　　　　）休み時間（　　時間目） 昼休み　放課後　部活中（　　　　　部）その他（　　　　　）		
どんな ふうに	ズキズキ　ガンガン　ちくちく　しくしく　びりびり　もやもや　ゴロゴロ 押されるような　しめつけられるような　ずーんと重い　その他（　　　）		
どうして ※思い当た るものに〇 をつける。	風邪　食事　睡眠不足　排便　冷え　暑さ　疲れ　衣服のしめつけ 月経　前にも同じような症状が出た　身近に同じような症状の人がいる アレルギー　不安・心配なことがある　その他（　　　　　　　　）		
痛み レベル	0＝痛みなし、元気　　1　　2　　3　　4　　5＝がまんできないほど強い痛み		
対応	授業 継続	1．授業を継続し、教室で経過観察をお願いします。 2．体育は見学させてください。	
	休養	3．保健室で休養させます。　第　　校時（　　：　　）まで	
	早退	4．家庭連絡と、荷物の準備をお願いします。 　連絡（　とれた ・ とれない ・ 留守電　） 　方法（　迎え ・ 自分で下校 ・ 保健室で待機　） 5．保健室から家庭連絡をします。荷物の準備をお願いします。	
	受診	6．病院受診をおすすめします。	
メモ			

内科（体調不良者）用

来室の記録（保健室控え）

担当

	年　　　　組　　氏名				男・女
体温	① 　　度　　分（　　：　　） ② 　　度　　分（　　：　　）		脈拍	① 　　　　回／分（　　：　　） ② 　　　　回／分（　　：　　）	
睡眠	就寝（　　：　　） 起床（　　：　　）		朝食	食べた ・ 少し食べた ・ 食べない 食欲　あり ・ なし	
	↓ 来室したときの体調について書いてください。				
症状	頭痛　　気持ち悪い　　めまい　　寒気　　だるい　　のどが痛い　　咳　　鼻水 腹痛　　吐き気　　嘔吐　　下痢　　その他（　　　　　　　　　　）				
いつ	今日より前から　　朝から（ 家にいるとき ・ 登校中 ・ 登校後 ） 授業中　　時間目（教科　　　　　）　休み時間（　時間目） 昼休み　　放課後　　部活中（　　　　部）　その他（　　　　　）				
どこが 触診	頭部　　　　　　　腹部		どんなふうに	ズキズキ　ガンガン　ちくちく しくしく　びりびり　もやもや ゴロゴロ　押されるような しめつけられるような ずーんと重い その他（　　　　　　　　）	
どうして ※思い当たるものに○をつける。	風邪　食事　睡眠不足　排便　　冷え　暑さ　疲れ　衣服のしめつけ 月経　　前にも同じような症状が出た　身近に同じような症状の人がいる アレルギー　不安・心配なことがある　その他（　　　　　　　　　）				
痛み レベル	0＝痛みなし、元気　　1　　2　　3　　4　　5＝がまんできないほど強い痛み				
視診 聴診	顔色：　蒼白 ・ 正常 ・ 紅潮 聴診：　呼吸音 ・ 腸ぜん動 ・ 心音		口腔内 発赤（　） 腫脹（　） 水疱（　）		
対応	授業 継続	1．授業を継続し、教室で経過観察 2．体育は見学			
	休養	3．保健室で休養→第　　校時（　　：　　）まで			
	早退	連絡者　学年 ・ 保健室 ・ その他 方法　　迎え ・ 自分で帰宅　　早退時刻（　　：　　）			
	受診	受診先：　　　　　　　　　　　結果：			

平成　　年度　びょうきのきろく　NO.

日にち	ようび	きた じかん	クラス	なまえ	具合の わるいところ	いつから	たいおん みゃくはく	ねた じかん	おきた じかん	朝ごはん	てあて
/		：				時間目・休み時間（　） その他（　）	．　℃ 　　　回	：	：		じゅぎょうをつづける 休む　・そうたい
/		：				時間目・休み時間（　） その他（　）	．　℃ 　　　回	：	：		じゅぎょうをつづける 休む　・そうたい
/		：				時間目・休み時間（　） その他（　）	．　℃ 　　　回	：	：		じゅぎょうをつづける 休む　・そうたい
/		：				時間目・休み時間（　） その他（　）	．　℃ 　　　回	：	：		じゅぎょうをつづける 休む　・そうたい
/		：				時間目・休み時間（　） その他（　）	．　℃ 　　　回	：	：		じゅぎょうをつづける 休む　・そうたい
/		：				時間目・休み時間（　） その他（　）	．　℃ 　　　回	：	：		じゅぎょうをつづける 休む　・そうたい
/		：				時間目・休み時間（　） その他（　）	．　℃ 　　　回	：	：		じゅぎょうをつづける 休む　・そうたい
/		：				時間目・休み時間（　） その他（　）	．　℃ 　　　回	：	：		じゅぎょうをつづける 休む　・そうたい
/		：				時間目・休み時間（　） その他（　）	．　℃ 　　　回	：	：		じゅぎょうをつづける 休む　・そうたい
/		：				時間目・休み時間（　） その他（　）	．　℃ 　　　回	：	：		じゅぎょうをつづける 休む　・そうたい

保健室来室カード〈外科編〉（見て、聴いて、触れてアセスメント）

1．作成した理由（作成したきっかけ）

　けが等で来室する児童生徒に対して丁寧に対応することが事故を防ぐために重要である。しかし、日常的に保健室来室者が多い学校では一人一人の対応に時間を長くかけることはできないこともある。
　そこで、最低限、見落としてはいけない症状・サインをもれなくチェックし判断するため、対応の根拠となるアセスメントに必要な項目（問診、視診、触診、打診等）を盛り込んだ保健室来室カードを作成した。

2．本ワークシート（資料）の特徴と作成の根拠

- 視診、触診、打診など必要な検査をもれなく行い記録を残すことができる。また、「いつ」「どのように判断し」「どう対応したか」根拠や時系列を明確にし、教職員や保護者への連絡に活用する。
- 短時間で記録できるよう、文章での記述欄を最小限にした。
- 自分の現在の状態を生徒が記入することで、自己の健康状態を振り返ることにつなぐことができる。また、来室を繰り返す児童生徒に対して、以前の記録を見ながら保健指導や健康相談活動に活用できる。
- 触診、打診などのプロセスを通して、子供の身体に触れることで子供の安心感とタッチによる非言語コミュニケーションが深まる。

　　――関連法規等――
　　○学校保健安全法第7条（保健室）、第9条（保健指導）、○平成20年中央教育審議会答申

3．アクティブな活用場面及び活用の際の工夫・留意点

- 「保健室からの連絡」と「けがの記録（保健室控え）」を1枚の用紙に並べて印刷し、記録が終わったら半分に切って「保健室からの連絡」を退室時に児童生徒に教室へ持たせる。→学級担任、授業担当者への連絡
- 「けがの記録」を綴っておき、保護者からの問い合わせや、日本スポーツ振興センター災害共済給付申請の際の資料とする。
- 低学年の場合は自分で記録をすることは難しいので、「けがの記録（保健室控え）」側のみを養護教諭又は教員が記録し、控えておく。
- 頭部や腹部の打撲など、さらに詳細な経過観察や記録が必要と判断した場合は、各アセスメントシートに記録を切り替える。

4．記録のポイント

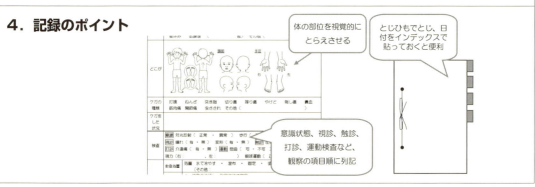

外科（ケガ）用

保健室からの連絡

学級担任　　様
授業担当者　　様

保健室に来室した生徒の様子について、下記の通り連絡いたします。　　　担当

	年　　　　組　　氏名　　　　　　　　　　　　　　　　　男・女		
いつ	今日より前から　　　朝から（　家にいるとき　・　登校中　・　登校後　） 授業中＿＿＿＿時間目（教科＿＿＿＿＿）　休み時間（　　　時間目） 昼休み　　放課後　　部活中（　　　　　　部）　その他（　　　　　　　）		
どこが	（頭部・手足のイラスト）		
ケガの種類	打撲　　ねんざ　　突き指　　切り傷　　擦り傷　　やけど　　刺し傷　　鼻血 筋肉痛　関節痛　　虫さされ　その他（　　　　　　　　　　　　　　　）		
ケガをした状況			
対応	救急処置	処置　氷で冷やす　・　湿布　・　固定　・　塗り薬　・　ばんそうこう 　　（その他：　　　　　　　　　　　　　　　　　　　　　　　　　）	
	授業継続	1．授業を継続し、教室で経過観察をお願いします。 2．体育は見学させてください。	
	経過観察	3．経過を見ますので、もう一度来室してください。 →（　　　　分後　・　次の休み時間　・　昼休み　・　放課後　　）	
	受診	※病院受診をおすすめします。 4．家庭連絡と、荷物の準備をお願いします。（お迎え時刻　　　：　　） 5．保健室から家庭連絡をします。荷物の準備をお願いします。	
	その他	6．家庭で経過観察をお願いします。状態がよくならない場合は、帰宅後病院受診をおすすめします。 　※痛み、腫れが強くなる場合、または数日たってもおさまらないとき	
メモ	受診先： 診断名：		

外科（ケガ）用

けがの記録（保健室控え）

	年　　　組　　氏名　　　　　　　　　　　　　　　　　　男・女		
いつ	今日より前から　　　朝から（　家にいるとき　・　登校中　・　登校後　） 授業中＿＿＿＿時間目（教科＿＿＿＿＿＿）　休み時間（　　　　時間目） 昼休み　放課後　（　　　　　　　　部）　その他（　　　　　　　　）		
どこが	頭部　　　　手足 右　　　　左		
ケガの種類	打撲　　ねんざ　　突き指　　切り傷　　擦り傷　　やけど　　刺し傷　　鼻血 筋肉痛　関節痛　　虫さされ　その他（　　　　　　　　　　　　　　　）		
ケガをした状況			
検査	意識　対光反射（　正常　・　異常　）　歩行（　可　・　不可　） 視診　腫れ（　有　・　無　）　変形（　有　・　無　）　触診　圧痛（　有　・　無　） 打診　介達痛（　有　・　無　）　運動　屈曲（　可　・　不可　）回旋（　可　・　不可　） 視力（右：　　　、左：　　　）　眼球運動（　正常　・　異常　）		
対応	救急処置	処置　氷で冷やす　・　湿布　・　固定　・　塗り薬　・　ばんそうこう （その他：　　　　　　　　　　　　　　　　　　　　）	
	授業継続	1．授業を継続し、教室で経過観察 2．体育は見学	
	経過観察	3．（　　　　　分後　・　次の休み時間　・　昼休み　・　下校前　） その後の経過→	
	受診	受診先：　　　　　　　　　　　　　　　引率：　保護者　・　学校 診断名：	
	その他	家庭連絡　（　担任　・　教科担当　・　保健室　・　その他　　　　）	
メモ			

救急処置

平成　　年度　けがのきろく　　NO.

日にち	ようび	きた じかん	クラス	なまえ	いつ	どこで	なにを していて	どこをけがしたか(ぶつけた・すりむいたなど)	てあて
/		：			時間目・休み時間 その他（　　）	教室・体育館 校庭・その他			しょうどく・ばんそうこう ひやす・しっぷ・病院へ
/		：			時間目・休み時間 その他（　　）	教室・体育館 校庭・その他			しょうどく・ばんそうこう ひやす・しっぷ・病院へ
/		：			時間目・休み時間 その他（　　）	教室・体育館 校庭・その他			しょうどく・ばんそうこう ひやす・しっぷ・病院へ
/		：			時間目・休み時間 その他（　　）	教室・体育館 校庭・その他			しょうどく・ばんそうこう ひやす・しっぷ・病院へ
/		：			時間目・休み時間 その他（　　）	教室・体育館 校庭・その他			しょうどく・ばんそうこう ひやす・しっぷ・病院へ
/		：			時間目・休み時間 その他（　　）	教室・体育館 校庭・その他			しょうどく・ばんそうこう ひやす・しっぷ・病院へ
/		：			時間目・休み時間 その他（　　）	教室・体育館 校庭・その他			しょうどく・ばんそうこう ひやす・しっぷ・病院へ
/		：			時間目・休み時間 その他（　　）	教室・体育館 校庭・その他			しょうどく・ばんそうこう ひやす・しっぷ・病院へ
/		：			時間目・休み時間 その他（　　）	教室・体育館 校庭・その他			しょうどく・ばんそうこう ひやす・しっぷ・病院へ
/		：			時間目・休み時間 その他（　　）	教室・体育館 校庭・その他			しょうどく・ばんそうこう ひやす・しっぷ・病院へ

1－救急処置

頭部打撲等アセスメントシート

No.3

1．作成した理由（作成したきっかけ）

　救急処置において、養護教諭は「養護をつかさどる」専門職として、迅速な重症度・緊急度の判断を常に求められる。しかし、アセスメントは個人の経験や知識に左右される部分が大きい。特に頭部打撲、腹部打撲は命に関わる重大事故につながる可能性があり、正確な判断及び記録が必要である。重大事故につながる可能性があるほど、冷静に判断・処置を行えるよう、このアセスメントシートを作成した。

2．本ワークシート（資料）の特徴と作成の根拠

・発生状況、受傷部位など、事故発生時に確認すべき項目について、順を追って記録できる。
・時間経過を追って、繰り返し症状の経過・バイタルサインが記録できる。
・養護教諭不在時においても、誰でも最低限チェックすべき項目を示した。
・裏面にはそのとき学校側でとった対応と時刻等を記録できるようにし、事故報告及び日本スポーツ振興センター災害共済給付の申請時に参考資料として活用する。
・平常時にもこれらのシートの項目を意識しながら、問診等の手順を踏まえてアセスメントを行うことによって、経験の浅い養護教諭であっても自己研修につながる。

3．アクティブな活用場面及び活用の際の工夫・留意点

・本シートは、児童生徒の名簿と共に常時バインダーにはさんで保健室に置き、事故発生時にはすぐに持ち出しできるようにする。
・記録した事項については、個人情報であることから取り扱いには十分注意する。

4．記録のポイント

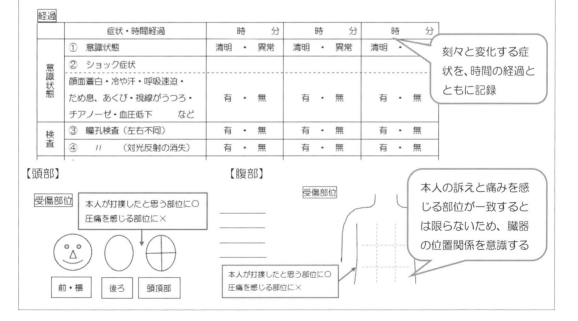

頭部打撲アセスメントシート

傷病者：＿＿＿年＿＿＿組　氏名＿＿＿＿＿＿＿＿　男・女

発生日時：平成　　年　　月　　日（　）午前・午後　　時　　分頃

発生状況
- いつ　　　　＿＿＿＿＿＿＿＿＿＿＿＿＿＿＿＿＿＿＿＿
- どこで　　　＿＿＿＿＿＿＿＿＿＿＿＿＿＿＿＿＿＿＿＿
- どのように　＿＿＿＿＿＿＿＿＿＿＿＿＿＿＿＿＿＿＿＿
- どうして　　＿＿＿＿＿＿＿＿＿＿＿＿＿＿＿＿＿＿＿＿
- 頭部以外の受傷部位　＿＿＿＿＿＿＿＿＿＿＿＿＿＿＿

受傷部位

本人が打撲したと思う部位に〇
圧痛を感じる部位に×

前・横　　後ろ　　頭頂部

経過

	症状・時間経過	時　分	時　分	時　分
意識状態	① 意識状態	清明・異常	清明・異常	清明・異常
	② ショック症状 顔面蒼白・冷や汗・呼吸速迫・ため息、あくび・視線がうつろ・チアノーゼ・血圧低下　など	有・無	有・無	有・無
検査	③ 瞳孔検査（左右不同）	有・無	有・無	有・無
	④ 〃　（対光反射の消失）	有・無	有・無	有・無
問診	⑤ 頭痛	有・無	有・無	有・無
	⑥ 吐き気	有・無	有・無	有・無
	⑦ 嘔吐	有・無	有・無	有・無
	⑧ めまい	有・無	有・無	有・無
	⑨ 物が二重に見える、かすむ	有・無	有・無	有・無
視診	⑩ 出血	有・無	有・無	有・無
	⑪ 受傷部の状態（裂傷）	有・無	有・無	有・無
	⑫ けいれん	有・無	有・無	有・無
	⑬ 手足のマヒ、しびれ	有・無	有・無	有・無

バイタル	時　分		時　分	
体温	℃	血圧：　／	℃	血圧：　／
脈拍	回／分	spO2：	回／分	spO2：
呼吸	正常　速い　遅い　不規則		正常　速い　遅い　不規則	
発汗	なし　少しあり　多い　きわめて多い		なし　少しあり　多い　きわめて多い	
顔色	正常　紅潮　蒼白　チアノーゼ		正常　紅潮　蒼白　チアノーゼ	

（参考：杉浦守邦「養護教諭のための診断学〈外科編〉」東山書房・2005年）

腹部打撲アセスメントシート

| 傷病者 | ： | 年 | 組 | 氏名 | 男・女 |

発生日時：平成　　年　　月　　日（　）午前・午後　　時　　分頃

発生状況　　　　　　　　　　　　　　　　　受傷部位

いつ　　＿＿＿＿＿＿＿＿＿＿＿＿＿
どこで　＿＿＿＿＿＿＿＿＿＿＿＿＿
どのように＿＿＿＿＿＿＿＿＿＿＿＿＿
どうして　＿＿＿＿＿＿＿＿＿＿＿＿＿

腹部以外の受傷部位　＿＿＿＿＿＿＿＿

本人が打撲したと思う部位に○
圧痛を感じる部位に×

経過

	症状・時間経過	時　　分	時　　分	時　　分
意識状態	① 意識状態	清明・異常	清明・異常	清明・異常
	② ショック症状 顔面蒼白・冷や汗・呼吸速迫・ため息、あくび・視線がうつろ・チアノーゼ・血圧低下　　　　など	有・無	有・無	有・無
視診	③ 皮膚の状態（発赤）	有・無	有・無	有・無
	〃　　（内出血）	有・無	有・無	有・無
	〃　　（擦り傷）	有・無	有・無	有・無
	④ 腹部膨満	有・無	有・無	有・無
触診	⑤ 圧痛	有・無	有・無	有・無
	⑥ 腹壁の緊張（筋性防御）	有・無	有・無	有・無
	⑦ ブルンベルグ徴候（反動痛）	有・無	有・無	有・無
問診	⑧ 血尿	有・無	有・無	有・無
	⑨ 痛みの状態（持続するか）	有・無	有・無	有・無

バイタル	時　　分		時　　分	
体温	℃	血圧：　／	℃	血圧：　／
脈拍	回／分	spO2：	回／分	spO2：
呼吸	正常　速い　遅い　不規則		正常　速い　遅い　不規則	
発汗	なし　少しあり　多い　きわめて多い		なし　少しあり　多い　きわめて多い	
顔色	正常　紅潮　蒼白　チアノーゼ		正常　紅潮　蒼白　チアノーゼ	

（参考：杉浦守邦「養護教諭のための診断学〈外科編〉」東山書房・2005年）

（共通）

```
┌─────────────────────────────────────────────────────────────┐
│              【１１９　救急車要請時に伝えること】            │
│ ①（火事ですか、救急ですか）　救急です。                      │
│ ②（住所を教えてください）　_____市_____です。    │
│ 　住所がわからないとき　目印になるもの　_____    │
│ ③（どうしましたか）　_____が_____状態です。       │
│ 　→具合の悪い人の状態を伝える。分かる範囲で意識、呼吸の有無を答える。│
│ ④（おいくつの方ですか）　___歳（　年生）です。（わからなければ、おおよそで）│
│ ⑤（あなたの名前と連絡先を教えてください）                    │
│ 　_____です。連絡先は_____です。│
│                          ↓                                  │
│  その後も連絡が通じるよう、携帯等の電源は切らずにいてください。│
│                           参考：東京消防庁　救急相談センター │
└─────────────────────────────────────────────────────────────┘
```

- □　経過観察　（保健室休養：_____時_____分まで）→　教室復帰　・　早退　・　受診
- □　病院受診　（保護者連絡：_____時_____分）（受診先：　　　　　　　　）
  　　　　　付き添い　保護者　・　養護　・　学年　・　その他（　　　　　　）
- □　救急車要請：_____時_____分　　救急車到着：_____時_____分
  　　救急車出発：_____時_____分　　同乗者　（　　　　　　　　　　　　）
  　　搬送先　（　　　　　　　　　）

≪その他 メモ≫

「先生、お腹が痛い」と来室した児童生徒の腹痛アセスメント
（初期対応）

1．作成した理由（作成したきっかけ）

　養護教諭は、児童生徒が来室した時に、主訴に応じてアセスメントをしている。その際、いつもの児童生徒の様子と比較するなどして判断をしている。しかし、児童生徒に対応するアセスメント方法は確立しておらず、アセスメント方法を開発する必要性を感じている。

　腹痛は保健室来室の代表的な症状である。児童生徒が腹痛を訴えて保健室に来室した際に、その痛みの状態や原因、背景を短時間で効率的に判断することが求められる。そこで、児童生徒が"お腹が痛い"と訴えてきた際に、背景要因を含め、客観的に緊急性や重要度をアセスメントするために本シートを作成した。

2．本ワークシート（資料）の特徴と作成の根拠

- 養護教諭によるQCサークル活動によりFishbone Diagram［FD］を作成し、それに基づいて本ワークシート「腹痛のアセスメントシート」を作成したため、すぐに使える。
- 児童生徒の「腹痛」の訴えに対し、初期対応に必要なアセスメント項目がシートに含められており、漏れなく詳細にアセスメントをすることができる。
- 腹痛の"痛み"だけでなく"要因"も探ることができる。
- アセスメントの得点化ができ、総合得点によって養護教諭の判断・対応が示される。
- 緊急対応が必要であるか否かのアセスメント項目については、網掛け項目で示しているので、一目でわかる。
- 当面の対応（教室復帰や早退など）が示されるので、対応がスムーズで迅速である。
- 初期対応の記録としても有効である。
- 本シートに沿ってアセスメントすることによって、先入観を払拭できる。

3．アクティブな活用場面及び活用の際の工夫・留意点

- 他の教職員に児童生徒の状態を連絡する際に活用できる。
- 児童生徒の訴えが本シートによって、客観的に反映され、養護教諭と共に児童生徒も自らの生活を振り返ることができ、納得のいく対応につながる。
- 記録後の保管については、個人情報の取り扱いと同様、マル秘扱いで慎重に保管する。

【用語の解説】
- QCとは、Quality Control の略で、「品質管理」をいう。
- QCサークル活動とは、QCを効率的に展開するために、現場における課題や方策を議論する小集団活動をいう。
- FDとは、Fishbone Diagram の略で、「魚骨図」「特性要因図」ともいう。原因や特性を魚の骨のような図に示したもので、視覚的に概念を整理できる特徴がある。思考ツールの1つである。

本シートの作成・開発の根拠となった Fishbone Diagram [FD] の作成の様子

○今までの経験や実践を振り返り、自身の対応について、事例を基にアセスメントの項目を抽出できた
○アセスメント項目は、実際に児童生徒を相手にできるよう、そして校種を問わず使用できるように言葉を揃えた
○FD を使うことで、思考や実践知の可視化が可能になり、シート開発の目的だけでなく、情報・知識共有ができた

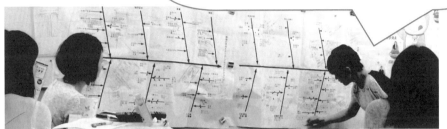

完成した Fishbone Diagram [FD]

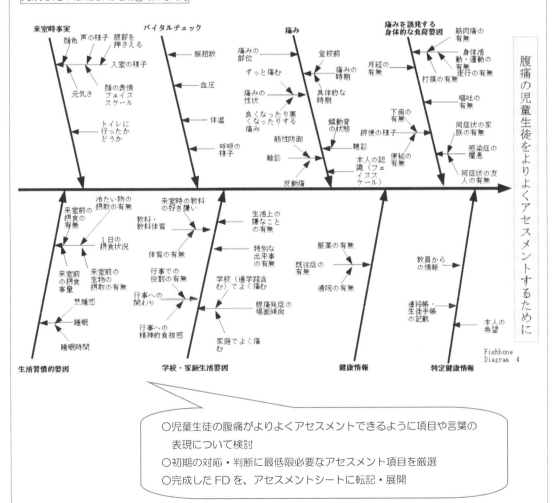

○児童生徒の腹痛がよりよくアセスメントできるように項目や言葉の表現について検討
○初期の対応・判断に最低限必要なアセスメント項目を厳選
○完成した FD を、アセスメントシートに転記・展開

1-救急処置

※次ページの記入方法を参照

児童生徒の「腹痛」アセスメントシート

来室時間　【　　：　　】
来室時授業科目【　　　　　】　　性別　【　男子　・　女子　】
学年・組　【　　年　　組】　　児童生徒名【　　　　　　　　】

評価得点

大項目	中項目	設問番号	小項目	回答項目　（該当するものに○をつけてください）	評価得点
来室時事実	入室時の様子	1	養護教諭からみた痛みレベル（FS）注1	レベル 0 痛くない／1 チョットだけ痛い／2 少しつらい／3 つらい／4 とてもつらい／5 がまんできない	1 (2-5の場合)
		2	姿勢について	0. 前傾姿勢　　　1. 人に抱えられている	
		3	顔色	0. いつも通り　　　1. いつもと違う（蒼白・紅潮など）	1
	トイレ利用の確認	4	来室前にトイレに行っているか	0. トイレに行った　　　1. トイレに行っていない	1
バイタルチェック		5	体温	℃	
		6	呼吸の様子	0. いつも通り　　　1. いつもと違う	1
		7	脈拍	回/分	
痛み	痛みの発生時期	8	いつから痛いか	0. 登校前（通学時も含む）　1. 登校後（　時頃から）	
	痛みの性状	9	どんなふうに痛いか	0. ずっと痛い　　1. 良くなったり悪くなったりする	
	痛む場所	10	痛みの部位：「☆」と記入／自発痛の部位：「自」と記入／痛みの部位の圧痛あり：「圧」と記入／腹部の張り感あり：「張」と記入／腹部の冷感あり：「冷」と記入	（腹部図）	
	触診による確認	11	反動痛の有無	0. 無　　　1. 反動痛有	1
痛みを誘発する身体的要因	感染症の疑い	12	同症状の人の有無	0. 無　　　1. 有	1
	月経	13	月経の有無	0. 無　　　1. 月経中	1
	排便の様子	14	下痢の有無	0. 無　　　1. 下痢有	1
		15	便秘の有無	0. 無　　　1. 便秘有	1
	嘔吐	16	嘔吐の有無	0. 無　　　1. 嘔吐有	1
	外傷の有無	17	外傷・打撲の有無	0. 外傷有　　　1. 打撲有	
生活習慣要因	一日の摂食状況	18	来室前の摂食有無	0. 無　　　1. 食事有	
		19	来室前の摂食量	0. 普通どおり　（1. 食べ過ぎ　/　残した）	1
	睡眠	20	睡眠時間	0. いつも通り　　　1. 睡眠不足	1
家庭生活・学校要因	生活上の嫌なこと	21	生活上何か嫌なことがあったか	0. 無　　　1. 有	1
	腹痛発症の場面傾向	22	学校で（通学路も含む）よくお腹が痛くなるか	0. 無　　　1. よく痛むほうである	1
		23	家庭でよくお腹が痛くなるか	0. 無　　　1. よく痛むほうである	1
健康情報	既往症の有無	24	何らかの既往症があるか	0. 無　　　1. 既往歴有	1
		25	何らかで通院をしているか	0. 無　　　1. 通院有	1
		26	何らかの服薬があるか	0. 無　　　1. 服薬有	1
	本人の訴え	27	本人の痛み状態認識（FS）注1	レベル 0 痛くない／1 チョットだけ痛い／2 少しつらい／3 つらい／4 とてもつらい／5 がまんできない	
備考欄		28	【その他参考となる事項を自由に記入】	評価得点 合計19点 満点19点	点
		29	養護教諭の判断・対応	0.教室復帰　1.保健室休養　2.帰宅　3. 受診勧告　4.その他（　　）	

注1) FSについて：がん疼痛・症状緩和に関する他施設共同臨床研究会HP：FACES Pain Rating Scale(Wong-Baker)より日本健康相談活動学会2009年度夏季セミナー教材として作成されたものを参照

注2) 網掛け項目は、緊急度判断最低限アセスメント項目：児童生徒の腹痛の緊急度を短時間で効率的に判断するために最低限確認する項目

「腹痛」アセスメントシート記入方法

設問番号	
	来室時間、来室時の授業、性別、学年・組、氏名を記入。
	各設問項目について、該当の箇所に○印、又は指示事項を記入。評価得点項目は、該当の場合、○印を記入。
1	痛みレベル：養護教諭がとらえた児童生徒の表情・印象。
2	姿勢：児童生徒が保健室に入室した際の体の構え。お腹を押さえての前傾姿勢や人に抱えられながら来室などを記入。
3	顔色：顔の表面の色、血色、感情の動きの表れた顔のようす、顔つき、機嫌を示す。
4	来室前にトイレに行って、排尿や排便の排泄行為があったかを確認。
5	体温計で測定した数値を記入。
6	いつもと違う：頻呼吸（1分間に25回以上で発熱や興奮したときに起こりやすい）、過呼吸（数は変わらないが深く1分間の換気量が増加、又は、数も深さも減少）、多呼吸（数も深さも増加）などの状態。
7	1分間の脈拍数を記入。
8	痛みはじめたのは、いつからか確認する。
9	痛みの具合について確認する。
10	以下の点について、確認の後、記号等で図上に記入。 自発痛：何も刺激を加えていないのに感じる痛みのこと。 圧痛：圧迫に際して生じる痛みあるいは不快症状のこと。 腹部の張り感：お腹全体または部分的に張った感じがすること（腹部膨満感）、「お腹が張って苦しい」、「お腹が重い」、「お腹がゴロゴロする」、「胃が重苦しい」、「胃に不快感がある」などのこと。 腹部の冷感：腹部を触ると冷たいと感じる、お腹が冷たいという自覚症状があるなどのこと。
11	反動痛（ブルンベルグ徴候）の確認。：腹部を手のひらで徐々に圧迫していき、急に手を離したときの、はっきりとした痛みのこと。
12	家族や友人など、近くの人に同じような症状を呈した人がいるか確認。
13	月経；健康な成熟女性に一定の周期で規則的に起る生理的な子宮出血であり、1回の持続期間は3～7日間。初日から次回月経の前日までの周期は28～30日間であるが、25～38日間は正常範囲。
14	下痢：液状または液状に近い糞便を、反復する便意とともに排出すること。
15	便秘：大腸に糞便が停滞し、排便が困難となる状態。便量や排便回数の減少、残便感などの不快な症状がある場合も含む。
16	嘔吐：延髄にある嘔吐中枢の刺激によって胃の逆ぜん動、横隔膜挙上、胃噴門の開口などが起り、胃内容物を吐き出す現象。
17	交通事故（自転車の転倒など）、転倒・転落、スポーツ外傷、虐待などによる腹部に衝撃が加わり痛みを発していること。
18	午前中に来室した場合は、朝食の摂食の有無、午後に来室した場合は、昼食の摂食の有無の確認。
19	食べすぎ：度を越してたくさん食べること。
20	睡眠不足：不適切な生活環境や偏った睡眠習慣が原因となって十分な睡眠が得られずにいる状態のこと。
21	腹痛を引き起こす可能性のある心理的社会的な要因の有無について把握。
22	学校における腹痛を起こす場面や場所についての情報収集、確認。
23	家庭における腹痛を起こす場面や場所についての情報収集、確認。
24	持病等の有無を確認。
25	持病等で通院しているなど、医療機関が関わっているかを確認。
26	医療機関から処方され管理されている服薬、市販薬など個人や保護者の指示による服薬などを確認。
27	本人が認知している痛みのレベルを確認。
28	その他、上記の評価により得られた情報や参考となる事項について記述する。また、算出された合計得点を記入。
29	上記をふまえた養護教諭の初期対応判断を記載する。

No.5

高等学校における精神症状アセスメントシート

1．作成した理由（作成したきっかけ）

近年、高等学校では、在学中にうつ等の精神症状を呈する生徒が増加傾向にある。保健室に来室した際に生徒の訴えから精神疾患の早期発見の必要性を感じた。精神症状を的確にアセスメントすることは、精神疾患を早期に発見し、連携を図ることにつながる。これにより重症化を防ぎ、卒業へと導くことができると考える。そこで、青年期が好発年齢とされているうつ病、統合失調症等に顕著な項目を文献から挙げ、ヘルスアセスメントシートの枠組みを活用し作成した。

2．本ワークシート（資料）の特徴と作成の根拠

・項目に沿って確認することで、見落としなく精神症状を確認することができる。
・精神症状アセスメントシートの記録をもとに、学級担任・学年主任・部顧問・管理職・保護者・スクールカウンセラー（SC）等との情報交換の資料とすることができる。また、他職種と共に確認しながら本シートを記入することによって客観的に把握することも可能である。

3．アクティブな活用場面及び活用の際の工夫・留意点

・保健室に来室した際、まずは「保健室来室記録」用紙（内科）に記入してもらい、その後、必要に応じて精神症状アセスメントシートに養護教諭が記入する。
・必要があれば来室の都度、記録を取り経過を観察する。
・生徒の個人情報が書き込まれるので取り扱いに注意する。

4．その他　保健室来室記録（内科）

年　組　No.　氏名	男・女
来室日時	月　日（　）午前・午後　：
症状	頭痛　腹痛　気持ちが悪い　鼻水　全身痛　下痢　脳貧血　鼻づまり　寒気　胃部不快感　倦怠感　咽頭痛　熱っぽい　吐き気　疲労感　咳　悪寒　嘔吐　イライラする　ぜん息　息苦しい　その他（
体温	℃　（平熱　　℃）
脈拍	／分
血圧	／
いつから	（　）週間前　（　）日前　昨日　昨夜　今朝 授業中（　限・教科　　）部活中　その他（　　）
睡眠	就寝時刻　：　　起床時刻　：
今朝の体調	よい　・　わるい
食事	昨夜　食べた・食べない 今朝　食べた・食べない 昼　　食べた・食べない
排便	出た　・　出ない
心配事	有（勉強・進路・クラス・部活動・家庭・その他【　　】）・無

（症状欄に付記：アセスメントシートと同様の症状を入れることでシートに反映することができる）

（食事欄に付記：選択肢を設けることで自分の悩みが明確化する）

（心配事欄に付記：選択項目によって教科担当・進路担当・担任・部顧問等、誰と連携すればよいかがわかる）

<参考文献>
●DSM－Ⅳ－TR　精神疾患の診断・統計マニュアル

高等学校における来室時「ヘルスアセスメントシート」(精神症状含む)

(記入者　　　　　　　　　　)

フィジカルアセスメント	来室時アセスメント	1	年　組　番　氏名：			(男・女)	
		2	平成　年　月　日(　)　来室時間　：　　教科(　)・(　)休み・その他(　)				
		3	主訴	★頭痛／全身痛／寒気／熱っぽい／悪寒	腹痛／下痢／胃痛／吐き気／嘔吐	気持ちが悪い／脳貧血／鼻づまり／★倦怠感／★疲労感／★イライラする	鼻水／咽頭痛／咳／ぜん息／息苦しい　その他／服薬
		4	いつから				
		5	どこが				
		6	どのように				
		7	バイタルサイン	【体温　　度】【脈拍　/分:(弱・早)】【血圧　/　】【呼吸:(深・浅)・(早・普・遅)】			
		8	打撲外傷等	なし	あり		
		9	アレルギー体質	なし	あり　具体的に：		
	一般状態アセスメント	10	態度・姿勢	気にならない	★気になる (動作が遅い・気力の低下・無感動・焦燥感) その他：		
		11	皮膚色・顔色	気にならない	気になる (　　　　)		
		12	四肢感触	普通	冷たい	熱い	冷や汗
		13	毛髪・爪	気にならない	★気になる (頭髪の乱れ・爪が伸びている・爪が薄汚れている)		
		14	体臭・口臭	気にならない	★気になる (少し臭う・すごく臭う)		
		15	表情	気にならない	★気になる (暗い・硬い・生気がない)		
		16	しぐさ・話し方	気にならない	★気になる (視線が合わない・無口・声量 抑揚がない・支離滅裂な会話・話題が飛ぶ)		
		17	成長・発達	気にならない	★気になる (体重の増加・減少)		
		18	衣服・容姿・持ち物	気にならない	★気になる (清潔感がない・制服が乱れている)		
生活習慣アセスメント		19	朝食	食べた	少し食べた	食べない	何を・どれくらい・誰と：
			昼食	食べた	少し食べた	食べない	何を・どれくらい・誰と：
			前日の夕食	食べた	少し食べた	食べない	何を・どれくらい・誰と：
			食事に関する事項	★異常	なし	あり (食行動異常・食欲異常)	
				その他			
		20	排便	出た (性状：　　　)		★便秘 (日数：　　　)	
			月経	周期 (順　不順)		最終月経日	
				経血量 (多い 普通 少ない)		月経痛：あり・なし	
		21	睡眠	よく眠れた　★寝た気がしない　★眠れない　★過眠			
				睡眠時間 (　：　～　：　)　合計　　時間			
			睡眠に関する事項				
		22	★生活リズムに関する事項	昼夜逆転している	していない		
部位別のフィジカルアセスメント		23	腹部	張り (なし・あり)	冷感 (なし・あり)		痛み (持続的・変動・一定しない)
				部位 (臍周辺・その他：　　　)			
		24	頭部	圧痛 (なし・あり)		部位 (頭蓋・その他：　　　)	
		25	顔面・頸部	圧痛 (なし・あり)		部位 (副鼻腔・その他：　　　)	
		26	口腔及び口腔内	所見なし	所見あり (口内炎・扁桃肥大・その他：　　　)		
		27	歯及び歯肉	所見なし	所見あり (う歯・歯肉炎・歯周疾患・その他：　　　)		
		28	リンパ節の腫脹	所見なし	所見あり　部位 (　　　)		
		29	胸郭・肋骨	所見なし	所見あり　部位 (　　　)		
		30	呼吸	所見なし	所見あり (★胸が苦しい・★動悸・その他：　　　)		

養護教諭が気になった項目

救急処置

							養護教諭が気になった項目
心理的アセスメント	自分自身のアセスメント	31	なぜ(痛く)なったかわかる	わからない	わかる	具体的に	
		32	どんなとき(痛く)なるかわかる	わからない	わかる	具体的に	
		33	どのくらいの頻度で(痛く)なるかわかる	わからない	わかる	具体的に	
		34	★普段の調子と違うと思う	思わない	思う	具体的に (いつから、どのように等)	
		35	☆ご飯がおいしいと思う	思う	思わない	具体的に (いつから等)	
		36	★悩み事や嫌な事、心配事がある	ない	ある	具体的に	
		37	運動の問題や心配事等がある	ない	ある	具体的に	
		38	勉強の問題や心配事等がある	ない	ある	具体的に	
		39	進路等の問題や心配等がある	ない	ある	具体的に	
		40	☆人に会いに出かけるのは楽しい	楽しい	楽しくない	具体的に	
		41	★学業意欲が低下していると思う	思わない	思う	具体的に	
		42	★集中するのが困難またはぼーっとしてしまうことがある	ない	ある	具体的に	
		43	★神経が過敏になっていると思う	思わない	思う	具体的に	
		44	★気分が落ち込んだり浮き沈みがある	ない	ある	具体的に	
		45	☆決められたことはできる	できる	できない	具体的に	
		46	★不安や恐ろしいと思うことがある	ない	ある	具体的に	
		47	★自分のことが好きか	好き	わからない・どちらでもない	嫌い	具体的に	
		48	★生きていることが辛いと思うことがある	ない	ある	具体的に	
		49	★実際に死のうと思ったことがある	ない	ある → 実際に行動にうつしたことが ある・ない		具体的に	
社会的アセスメント	自分を取り巻くアセスメント	50	クラスの問題や心配等がある	ない	ある	具体的に	
		51	★人間関係の問題や心配等がある	ない	ある	具体的に	
		52	部活動の問題や心配等がある	ない	ある	具体的に	
		53	教師の問題や心配等がある	ない	ある	具体的に	
		54	委員会・生徒会の問題や心配等がある	ない	ある	具体的に	
		55	親・兄弟の問題や心配等がある	ない	ある	具体的に	
		56	家庭内役割の問題や心配等がある	ない	ある	具体的に	
		57	生活習慣の問題や心配等がある	ない	ある	具体的に	
		58	★休日の過ごし方や問題等がある	ない	ある	具体的に	

★=うつ状態の顕著な項目
☆=出来ている項目

2 健康診断 No.1

健康診断事前指導（四肢の状態）

1．作成した理由（作成したきっかけ）

　平成28年度より、脊柱及び胸部の疾病及び異常の有無並びに四肢の状態についての検査が「成長発達の過程にある児童生徒の脊柱・四肢・骨・関節の疾病及び異常を早期に発見することにより、心身の成長、発達と生涯にわたる健康づくりに結びつけられる」ことを目的として実施されている。この健康診断を円滑に実施するためには、家庭での事前チェックや、その結果を担任が確認しながらまとめ、学校が行う前に、再度スクリーニングされた児童生徒に対して実施する必要があると考える。そこで、家庭で事前にできる運動器検診問診について重点的にチェックする検査例について図で示すことでわかりやすいワークシートを作成した。

2．本ワークシート（資料）の特徴と作成の根拠

・クラスの男女別名簿としたことで、事前に全職員が子供の状態を把握できる。運動器検診については学校医の前で再度行うため、その事前指導にも活用することができる。
・内科検診時には、名簿上の記載箇所を学校医に指さしをして伝える。その際、検査例の図と番号を見せることができる。
・事前指導としてスクリーニングする際や、スクリーニングした児童生徒へ事前指導する際の資料として活用することができる。

――関連法規――
学校保健安全法施行規則第8条、第9条

3．アクティブな活用場面及び活用の際の工夫・留意点

・年度当初の職員会議等での提案時に、全クラス分を冊子にして全教職員に配布することにより、より多くの目で全児童生徒の把握ができる。
・児童生徒の個人情報であるため、「取り扱い注意」の㊙文書であることを必ず明記する。
・結核問診、運動器（骨・関節・筋肉）についてまとめる（クラス・男女別）。
・一覧表（クラス・男女別）にし、項目ごとに○をつけ全体把握がしやすい形式にした。

4．その他　児童生徒の要配慮事項一覧表（例）

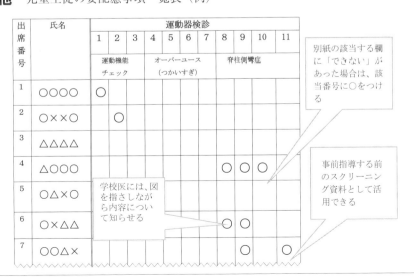

年　　組　　番号　　氏名

おうちの人とチェックして、できた項目に☑しよう

運動機能のチェック（バランスと柔軟性）

【身体のバランス】	【下肢のかたさ】

【片足立ち】 左右ともにバランスよく、 5秒以上ふらつかずに立てる **チェック** ☐	【しゃがみ込む】 途中で止まらず、最後までできる （かかとが上がらない。後方転倒しない） **チェック** ☐

オーバーユース（つかいすぎ）

左右の手のひらを上に向けて、前にまっすぐのばせる **チェック** ☐	腰を痛みなく曲げ、後ろにそらすことができる **チェック** ☐

脊柱側彎症

① 両肩の左右差 **チェック**☐

② 肩甲骨の高さ・

　位置の左右差 **チェック** ☐

③ ウエストライン（脇のライン）

　の左右差 **チェック** ☐

④ 前かがみになったときの背中の

　高さの左右 **チェック** ☐

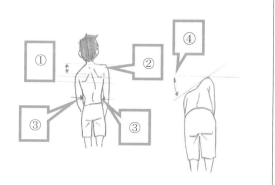

小学校での健康診断で使えるポスター
（視力検査、聴力検査、尿検査、心臓検診）

1．作成した理由（作成したきっかけ）

　子供たちが、自ら考え、主体的に健康診断に取り組むためには、事前指導を充実させることが必要である。

　そのためには、健康診断の目的や内容を、子供たちに興味を持たせるようにわかりやすく伝えることが重要である。そこで、学級担任の協力を得やすくするために、いつでも簡単に指導できる資料としてポスターを作成することとした。

2．本ワークシート（資料）の特徴と作成の根拠

　健康診断は、学校における保健管理の中核であるとともに、教育活動でもある。健康診断の際に、事前、実施時、事後に保健指導を十分に行うことで教育的側面を充実させることができる。
- ５Ｗ１Ｈを明確に示すことで、必要な内容を学級担任が教室で指導できるようにした。
- 児童に興味関心を持たせ自発的な行動を促すよう、生活に結びつける視点を入れた。

　――関連法規――
　○学校教育法第 12 条、○学校保健安全法第 1 条（目的）、第 13 条（児童生徒等の健康診断）

3．アクティブな活用場面及び活用の際の工夫・留意点

- A3サイズ2枚分にポスター印刷し、のり付けをして学級数分準備する。3学期に準備しておくとよい。（保健委員会の児童に準備させると、ポスターの内容に子供が興味を持つので教育効果が期待できる。）
- 実施日の2、3日前に教室に配布し、帰りの会や朝の会で、学級担任等が指導する。保健室前や昇降口の掲示板に貼っておくのも効果的である。
- 各種健診のポスターの上半分を切りとって、健康診断のガイダンスとして、4月の掲示物として使うこともできる。実施する日付順に並べるとよい。

4．活用のポイント

日時は、後からマジックで書き込むと、予定変更に対応できる。

カラフルな方が子供たちは興味を示すのでカラー印刷が望ましい。

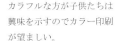

4月　健康診断ガイダンスの掲示例

イラストを切りとって、画用紙などに貼っておくと、ノンバーバルコミュニケーション（非言語コミュニケーション）に活用できる。

＜参考文献＞
○学校保健・安全実務研究会：新訂版　学校保健実務必携＜第3次改訂版＞、第一法規、2014年2月
○文部科学省学校健康教育課：児童生徒等の健康診断マニュアル　平成27年度改訂、日本学校保健会、2015年8月

事前指導用

視力検査

月　日　場所

対象　**全学年**

勉強をするときに、黒板の字が見えるか、めがねがあっているかを調べます。

視力検査は **4**つの指標で表します

A 1.0以上	学校生活をするのに、十分な視力です。
B 0.7〜0.9	学校の生活には困りませんが、時々チェックが必要です。
C 0.3〜0.6	教室の後方からは、黒板が見えにくくなります。
D 0.2以下	教室の前列でも黒板が見えにくいです。

★Point☆
めがねやコンタクトを持っている人は、忘れずに持ってきてね。

実施時指導用

視力検査の受け方

①線の前に立ち、名前を言います。
②右目から検査します。左目をかくしましょう。（めがねを持っている人は、はずした状態を先にやります。）

★ポイント★

C 手（ゆび）であいている方向を、はっきりと示す。

1. わからないときは「パス」と言う。
2. 両目はあけたまま。

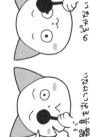

・目を細めない
・のぞきこまない
・器具を触らない

事前指導用

月　日　場所

聴力検査

対象 **1, 2, 4, 6年**

ピー

耳が十分に聞こえているかを調べます。

音をきく

耳の（はたらき）

音のする方向を知る

体のバランスをとる

耳の奥で体の傾きや回転を感じ取っているので、私たちはバランスをとることができます。

耳が二つあるので、音のした方向がわかります。

耳掃除は、綿棒で入口1〜2cmを軽くなでるよ。

私たちが聞いている音の正体は空気の振動です。耳の中にあるうすい膜（鼓膜）がこの振動を受け止めて耳の奥に伝えます。
耳の奥で振動は電気信号に変換され脳に伝わり「音」として認識されます。
耳は寝ている間も休みなく働いています。

実施時指導用

聴力検査の受け方

① ヘッドフォンを上からかぶります。
（右が赤で、左が青です。）

② 音が聞こえたら手をあげます。
音が消えたらすばやく手を下ろしましょう。
（とっても小さな音です。集中してね。）

③ 待っている間、絶対に音は立てません。

ヘッドフォンを使うときには

ヘッドフォンで大音量の音楽を長い時間、聞き続けると、難聴（音が聞こえにくくなる）になることがあります。

2-健康診断　25

事前指導用

尿検査 わすれないでね

対象 **全学年**

月　日　提出

腎臓に病気がないか、糖尿病ではないかを調べます。

腎臓ってなに？

みんなが毎日するおしっこは「腎臓」でつくられます。
腎臓はこしの上あたりに左右にひとつずつあります。
そら豆に似た形をしていて、大きさはグー1つ分くらいです。

おしっこのもとは〇〇

みんなの体の中にはのの〇〇が流れています。〇〇は栄養分を運ぶだけではなく体の中のいらなくなったものも運んでいます。〇〇は腎臓を通るとき、きれいなのといらなのとに分けられます。この、いらなくなった水分が〇〇といっこです。〇〇に入る言葉が何かわかったかな？

ポイント

前の日は、ジュースやビタミンCの入ったお茶などはひかえよう。

ほけんだよりなどで配布

尿のとりかた

① 前日に、忘れないよう準備をします。

② 夜、ねる前におしっこをします。

③ 朝、起きてすぐのおしっこをとります。

はじめにおしっこを少し出してから…
残りを紙コップにとり、
ポリ容器で吸い上げる。
ふたを閉め、紙袋に入れる。
ランドセルに入れて完了！

朝のうちに業者さんがみんなの分を集めて検査をします。

事前指導用

心臓検診

対象 **1年生**

月 日 場所

手と足に大きなせんたくばさみ、おなかにシールをつけるよ。

心臓に病気や異常がないかを調べます。

心臓ってなに？

心臓は、体中に血液を送り出すポンプの役割をしています。分厚い筋肉でできた、袋のような臓器です。大きさはグーひとつ分くらいで、胸のまん中よりやや左にあります。走った後、胸がドキドキするのは、キュッキュッと心臓が大きく伸び縮みしているためです。

心臓は1日に、10万回伸び縮みしているよ。

5秒くらい息を止める練習をしておいてください。

検査の一時間前は体育などの運動はひかえてください。

おねがいします。

実施時指導用

心臓検診の受け方

① くつ下とくつばきを、ぬいで部屋に入ります。

② 部屋に入ったら、しずかにします。

③ 体育着、シャツをぬいでたたんでおきます。

④ 紙を検査する人にわたします。このとき、名前を言います。

⑤ ベッドに横になります。手足の力をぬいて、リラックスしましょう。

心臓の動きが紙に記録されます。これを、お医者さんが、病気がないかチェックします。

健康診断

中学校での健康診断で使える指導資料
（視力検査、聴力検査、尿検査、心臓検診）

1. 作成した理由（作成したきっかけ）

　健康診断は、生徒が自分の健康課題に気付き、理解と関心を深め、自ら積極的に解決していこうとする自主的、実践的な態度の育成を図るよい機会である。しかし、健康診断が実施される年度初めの慌ただしい中では、保健指導の十分な時間の確保が難しい。そこで、単に検査や検診を受けるのではなく、「どうしてその検査や検診を受けるのか」を理解した上で受けさせることで、自己の健康管理への意識を向上させることができる。そこで各種検査や検診の意義と受け方や注意事項などをまとめた保健指導資料を作成した。

2. 本ワークシート（資料）の特徴と作成の根拠

・生徒が自分で調べて記入したり、チェックを入れたりできる内容を取り入れた。
・検査時の生徒の動きが円滑になるよう、検査の流れを写真とともに具体的に示した。

関連法規
○学校教育法第12条、○学校保健安全法第9条（保健指導）

3. アクティブな活用場面及び活用の際の工夫・留意点

・帰りの学活などの時間を活用して短時間でも取り組むことができるようにする。
・各学級担任等が資料をもとに保健指導を実施する。「健康目標」や「調べてみよう」「チェック項目」などへの記入を促し、健康診断の意義や自分の健康について考えさせる。
・記入箇所の答えや解説などワークシートと関連する内容を保健室前に掲示し関連づける。

4. 指導のポイント

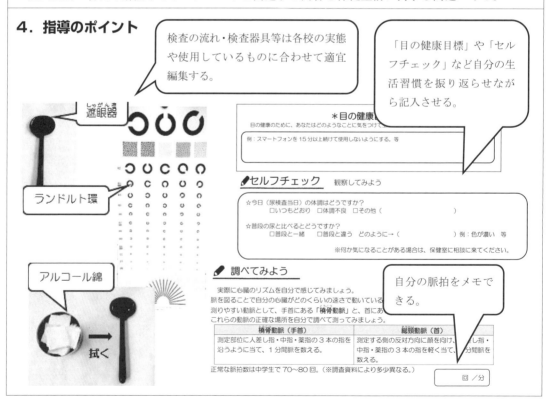

視力検査

Question
- 目が疲れやすい → YES
- 目を細めないと見えにくい → YES

見えにくいままで生活していると肩こり・頭痛・吐き気などの症状を引き起こすことがあります。

目　的	生活に必要な視力があるか、近視・遠視・乱視などの疑いはないか調べる。
対　象	全学年
検査日時	月　　日（　）
場　所	○年○組 教室

メガネを忘れずに。コンタクトの人は申し出ましょう。

検査の流れ

① 正しい位置に立つ
自分の番が来たらテープの貼ってあるところにつま先をあわせて立つ。

② 右目から検査
左目に遮眼器をそっとあてて、先生が指したランドルト環の切れ目がある方を答える。
＊見えないときははっきり伝える。

③ 左目の検査
遮眼器を右目にそっとあてて、左目の検査をする。

④ 遮眼器の消毒
終わったら遮眼器をアルコール綿で消毒する。

（遮眼器／ランドルト環／アルコール綿／拭く）

A：視力 1.0 以上	勉強や運動するのに十分な視力です。ただし遠視などで矯正が必要な場合もあります。
B：視力 0.9～0.7	日常生活に支障はありませんが、近視・遠視・乱視などの疑いがあります。
C：視力 0.6～0.3	教室後方からだと黒板の字が見えにくいことがあります。
D：視力 0.3 未満	教室の前列でも黒板の字が見えにくい視力です。

※学校では，視力B、C、Dの人に受診のお知らせを渡しています。
　メガネやコンタクトレンズが必要かどうか等、眼科で先生の指示に従いましょう。

＊目の健康目標＊

目の健康のために、あなたはどのようなことに気をつけて生活していますか？

例：スマートフォンを15分以上続けて使用しないようにする。等

健康診断

聴力検査

目 的	生活に必要な聴力があるか、難聴などの疑いはないかを調べる。
対 象	1・3年生
検査日時	月　日（　）
場 所	○年○組 教室
検査の流れ	① 中に入ったら、記録カードを先生に渡して番号と名前を先生に伝える。 ② 椅子に座って先生の指示に従い、右耳から検査する。 ③ レシーバーを耳にきちんと当て、2種類の音を聞く。 ④ 音が聞こえている間はボタンを押し続ける。

レシーバー
赤が右
青が左
ボタン

＊検査中は静かに順番を待ちましょう。

🖊 検査の前にチェック

☐ 耳掃除はしてきましたか？

☐ 髪は耳にかかっていませんか？

☐ 髪の長い人は結んでいますか？

尿 検 査

📝 調べてみよう

◎尿をつくっているのは体の中のどの器官？

◎尿検査で見つけることができる病気は？

目 的	慢性腎炎などの腎臓の病気や糖尿病になっていないかを調べる。
対 象	全学年
検査日時	月　　日（　　）の朝提出（忘れた人は二次検査日に提出する）
提出場所	保健室（各クラスまとめて提出する）
尿のとり方	①検査当日の朝起きてすぐの尿をとる。　→　②尿は出始めと終わりはとらずに、途中からの中間尿をコップにとる。　→　③コップの尿を採尿スポイトに、「ここまで入れる」の線（8分目位）まで吸い上げる。　→　④スポイトをトイレットペーパーでふき、ふたをしっかり閉めチャック付きビニール袋に入れて持ってくる。　※スポイトを指でしっかりつまむとたくさん吸い上げられます。
注意事項	○前日の夕方からは、ビタミンCを多く含んだジュース類は検査の結果に影響する場合があるので、飲用は控える。 ○検査当日の朝、朝の学活後すぐに各クラスで集めて保健室に提出する。 ○検査の結果、所見のある場合は該当者生徒のみ二次検査を実施する。 ○女子で生理中の人は保健室に報告する。 ○追加・二次検査は該当者に後日連絡する。（　　月　　日）（　　月　　日）

📝 セルフチェック　観察してみよう

☆今日（尿検査当日）の体調はどうですか？
　　□いつもどおり　□体調不良　□その他（　　　　　　　　　　）

☆普段の尿と比べるとどうですか？
　　□普段と一緒　　□普段と違う　どのように→（　　　　　　　　　　）例：色が濃い　等

※何か気になることがある場合は、保健室に相談に来てください。

健康診断

2－健康診断

心臓検診

心電図検査は、胸・手首・足首に、シールや洗濯バサミのようなクリップをつけて心臓の病気がないか検査をします。

目　的	心臓の異常や病気がないかを調べる。
対　象	第1学年
検査日時	月　　日（　）　　時　　分～
場　所	学校（検診車）
注意事項	○安静時の測定なので、検査前2時間くらいは激しい運動を避ける。 ○ 1組男子 ⇒ 1組女子 ⇒ 2組女子 ⇒ 2組男子 ・・・の順 で進める。 ○服装は夏型の体操着で、検査時、男子は上半身裸、女子は下着類着用（ブラジャーは検診車内ではずす） 　※寒い日や風邪をひいているときなどは、上着（長袖）を着用して待つ。 ○靴下はあらかじめ脱いでおく。靴は検診車の外で脱ぎ、きちんとそろえる。 ○中に入ったら、あいさつをして受診録を渡す。 ○手首と足首と胸に電極をあてるだけで痛みなどの苦痛は伴わないので、不安や緊張を抱かずできるだけリラックスして受診する。
その他	受診録の配布は　　　月　　日（　） 受診録の回収は　　　月　　日（　） ＊保護者に受診録を見せて、記入上の注意をよく読んで記入漏れのないように書いてもらう。

～ 心電図とは？ ～

心臓の「心筋」とよばれる筋肉は自発的に微量の電気を発生させて、心臓全体に電気を伝わらせて心臓を動かしています。心電図検査は、この微量の電気を測定し、心臓の病気がないか、規則正しいリズムで動いているかなどを調べます。

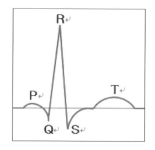

🖉 調べてみよう

実際に心臓のリズムを自分で感じてみましょう。
脈を図ることで自分の心臓がどのくらいの速さで動いているのかを感じることができます。
測りやすい動脈として、手首にある「橈骨動脈（とうこつ）」と、首にある「総頸動脈（そうけい）」があります。
これらの動脈の正確な場所を自分で調べて測ってみましょう。

橈骨動脈（手首）	総頸動脈（首）
測定部位に人差し指・中指・薬指の3本の指を沿うように当て、1分間脈を数える。	測定する側の反対方向に顔を向け、人差し指・中指・薬指の3本の指を軽く当て、1分間脈を数える。

正常な脈拍数は中学生で70～80回。（※調査資料により多少異なる。）

　　回／分

高校生の歯科検診事後指導
「生活習慣振り返りチェックシート」の工夫

1. 作成した理由（作成したきっかけ）

歯科検診は、要治療者のスクリーニングにとどまらず、歯肉や咬合、顎関節の状態について「0：異常なし」、「1：経過観察」を判定し、「CO」や「GO」などの保健指導対象者を選別することができる。高校では集団に指導する機会がなく治療は個人にまかせることが多い。そこで、う歯等の要治療項目がなくても、GOやCOが複数あり注意が必要な生徒に対し、歯科保健の視点から自身の生活習慣を振り返り、生徒の気づきを促すと共に自身の力で健康の保持増進ができるようなワークシートを作成した。

2. 本ワークシート（資料）の特徴と作成の根拠

・食生活、休養、運動、噛む力、口腔ケア等、健康づくりを総合的に実践できるようにした。

── 関連法規等 ──
○学校保健安全法第9条（保健指導）、○平成9年保健体育審議会答申

3. アクティブな活用場面及び活用の際の工夫・留意点

・保健指導の際、言葉で伝えるだけでなく、視覚的かつ客観的に自身の生活を振り返ることで、「できていること」と「改善できそうなこと」に気づくことができる。
・生徒の生活環境等に配慮し、実態に合わせた伝え方に留意する。
・生徒が現時点で実践できていることを確認し、今後改善できそうなところに気づけるよう支援する。
・手鏡や歯鏡で自身の歯肉をチェックさせたり、歯垢の染め出しやRDテストを併用したりすることで体験的な学習活動とする。
・ホームルーム等で指導する際は、歯科検診結果のコピーを配布し転記させる。

4. 指導のポイント

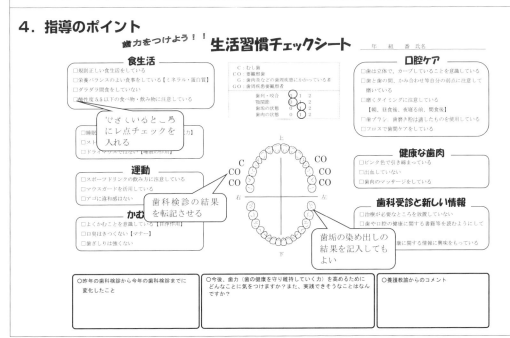

歯力をつけよう！！ 生活習慣チェックシート

年　組　番　氏名

食生活
- □ 規則正しい食生活をしている
- □ 栄養バランスのよい食事をしている [ミネラル・蛋白質]
- □ ダラダラ間食をしていない
- □ 酸性度 5.5 以下の食べ物・飲み物に注意している

休養
- □ 睡眠が十分とれている [歯肉は粘膜、抵抗力]
- □ ストレスをためないようにしている
- □ ドライマウスではない [唾液の作用]

運動
- □ スポーツドリンクの飲み方に注意している
- □ マウスガードを活用している
- □ アゴに違和感はない

かむ力
- □ よくかむことを意識している [自浄作用]
- □ 口臭はつくない
- □ 歯ぎしりは強くない

口腔ケア
- □ 歯は立体で、カーブしていることを意識している
- □ 歯と歯の間、かみ合わせ等自分の弱点に注意して磨いている
- □ 磨くタイミングに注意している
  【朝、昼食後、夜寝る前、間食後】
- □ 歯ブラシ、歯磨き粉は適したものを使用している
- □ フロスで歯間ケアをしている

健康な歯肉
- □ ピンク色で引き締まっている
- □ 出血していない
- □ 歯肉のマッサージをしている

歯科受診と新しい情報
- □ 治療が必要なところを放置していない
- □ 歯や口腔の健康に関する書籍等を読むようにしている
- □ 歯や口腔の健康に関する情報に興味をもっている

C：むし歯
CO：要観察歯
G：歯肉炎などの歯周疾患にかかっている者
GO：歯周疾患要観察者

歯列・咬合	0	1	2
顎関節	0	1	2
歯垢の状態	0	1	2
歯肉の状態	0	1	2

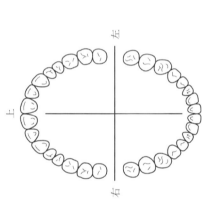

上　下　右　左

○昨年の歯科検診から今年の歯科検診までに変化したこと

○今後、歯力（歯の健康を守り維持していく力）を高めるためにどんなことに気をつけますか？また、実践できそうなことはなんですか？

○養護教諭からのコメント

一目でわかる就学時健康診断実施計画

1．作成した理由（作成したきっかけ）

　就学時健康診断は、翌年度の就学予定者に対して、すべての項目を約半日で実施する学校が多い。教室を主な会場として、就学予定者の健康状態等を把握し、入学に向け、必要な助言を行っている。

　就学予定者は保護者同伴のもと、学校に来校する。各種検診は教職員が一丸となって、その実施にあたることが求められる。

　就学時健康診断は、一度に多くの検診が同時に進行するため、養護教諭による細やかな事前の計画・準備・打ち合わせ、そして実施・後片付けが必要となる。養護教諭は、就学時健康診断全体の運営調整にあたる。そこで、実施当日に養護教諭が全体を見渡すことが容易にでき、スムーズに健康診断が進行するよう一目みてわかるような計画を作成した。

2．本ワークシート（資料）の特徴と作成の根拠

◎「シフト表」について
・検診における担当教員の時間ごとの役割を明示している。
・養護教諭、他の教員がどこで、何をしているのかが、一目でわかる。
・就学時健康診断における学校全体の動きが1枚に集約されているので、協力体制がとりやすい。
・職員会議提案時に就学時健康診断全体の動き、全教職員の役割分担を確認できる。

◎「TO・DOリスト」について
・何をすればよいかを、時系列でチェックリストにしているのでこれに従い進めれば、準備→実施→後片付けが自然とできる。
・これさえあれば、教員の位置確認などがすぐにわかる。
・引継ぎ時にも、活用ができ、簡単に説明が加えられる。

---関連法規---
○学校保健安全法第11条（就学時の健康診断）、○学校教育法第17条第1項、○学校保健安全法施行規則第3条（方法及び技術的基準）

3．アクティブな活用場面及び活用の際の工夫・留意点

・打ち合わせ時に、役割分担を確認する。
・養護教諭自身が準備をする際に、見落としなく確認できるようにする。
・就学時健康診断当日、問題発生時や緊急対応などが必要な時に教員がどこにいるか、一目でわかり、対応が速やかに取りやすく、子供への指示なども迅速にできるように配慮する。

※「TO・DOリスト」のTO・DOとは、直訳すると「すること」であり、これが転じて「すべきこと」という意味で用いられる。ある一定期間内に「するべきこと」を示す。

★平成△△年度　就学時健康診断　当日　先生方　シフト表★

担当・クラス	主	教師名	時系列の動き						
			13:00	13:30	14:00	14:30	15:00	15:30	16:00
校長		あか先生	校長室	校医挨拶	子育て講座		知能検査・相談室	市教委確認	職集
教頭1		さた先生	職員室	控室準備	子育て講座	司会進行	保護者控室	確認	職集
教頭2		なは先生	校医出迎え	受付		各会場巡回・保護者控室連絡調整・緊急対応			
教務主任		まや先生	案内準備	案内			検収	事後確認	職集
養護教諭1		こえ先生	受付・案内確認		校医検診・全体調整・連絡確認				職集
養護教諭2		あさ先生	会場確認		校内検診・全体調整・連絡確認				職集

○養護教諭は会場全体を見渡せるようにFREEな配置
○検診の進行を見守り、調整が利くように

担当・クラス	主	教師名	13:00	13:30	14:00	14:30	15:00	15:30	16:00
1の1		あい先生	学級対応/下校確認		準備				
1の2	◎	うえ先生	学級対応/下校確認		準備				
1の3		おか先生	学級対応/下校確認		準備				
1の4		きく先生	学級対応/下校確認		準備				
1の5		けこ先生	学級対応/下校確認		準備				

担当・クラス	主	教師名	13:00	13:30	14:00	14:30	15:00	15:30	16:00
2の1		さし先生	学級対応/下校確認	準備	内科検診		後片付け		職集
2の2		すせ先生	学級対応/下校確認	準備	内科更衣室		後片付け	終了連絡	
2の3		そた先生	学級対応/下校確認	準備	知能検査			後片付け	
2の4		ちつ先生	学級対応/下校確認	準備	視力検査			後片付け	終了連絡
2の5	◎	てと先生	学級対応/下校確認	準備	聴力検査			後片付け	終了連絡

担当・クラス	主	教師名	13:00	13:30	14:00	14:30	15:00	15:30	16:00
3の1	◎	なに先生	学級対応/下校確認		保護者控室			終了連絡	
3の2		ぬね先生	学級対応/下校確認	準備	聴力検査		後片付け		
3の3		のは先生	学級対応/下校確認	準備	知能検査		検収	後片付	
3の4		ひふ先生	学級対応/下校確認	準備	知能検査		検収	後片付	
特別支援		わか先生	学級対応/下校確認	準備	相談室			後片付け	

担当・クラス	主	教師名	13:00	13:30	14:00	14:30	15:00	15:30	16:00
4の1		へほ先生	学級対応/下校確認	準備	知能検査			後片付け	
4の2		まみ先生			出　張				
4の3	◎	むめ先生	学級対応/下校確認	準備	知能検査			後片付け	終了連絡
4の4		もや先生	学級対応/下校確認	準備	聴力検査		後片付け		
4の5		いゆ先生	学級対応/下校確認	準備	歯科検診		後片付け	終了連絡	

担当・クラス	主	教師名	13:00	13:30	14:00	14:30	15:00	15:30	16:00
5の1		えよ先生	給食/事前指導		誘導係への児童指示・会場巡回		終了連絡		
5の2		わい先生	給食/事前指導		検収			5年児童下校指示	職集
5の3	◎	う先生	給食/事前指導		検収			5年教室巡回	職集
5の4		へを先生	給食/事前指導		誘導係への児童指示・会場巡回		最終確認		
5の5		いろ先生	給食/事前指導		出　張				

担当・クラス	主	教師名	13:00	13:30	14:00	14:30	15:00	15:30	16:00
6の1		はに先生	学級対応/下校確認	準備	知能検査			後片付け	終了連絡
6の2	◎	ほへ先生	学級対応/下校確認	準備	聴力検査			後片付け	終了連絡
6の3		とち先生	学級対応/下校確認	準備	知能検査			後片付け	
6の4		りぬ先生	学級対応/下校確認	準備	内科検診			後片付け	
6の5		るを先生	学級対応/下校確認	準備	視力検査			後片付け	

担当・クラス	主	教師名	13:00	13:30	14:00	14:30	15:00	15:30	16:00
理科専科	◎	よた先生	受付準備	受付	内科更衣室		後片付け		職集
音楽専科		れそ先生	受付準備	受付	内科更衣室		後片付け		職集
算数専科		つね先生	受付準備	受付	内科更衣室		後片付け		職集
算数専科		なら先生	案内準備	案内			検収	相談室	終了連絡
初任者指導		むう先生	4－2対応	準備	内科検診		後片付け		

担当・クラス	主	教師名	13:00	13:30	14:00	14:30	15:00	15:30	16:00
事務	◎	いのさん		事務室・電話対応・出欠連絡受付				事後確認	職集
事務		おくさん		出　張					職集
校務員1	◎	やまさん	駐車場対応			東門確認			職集
校務員2		けふさん	駐輪場対応			正門確認			職集

就学時健康診断　養護教諭 計画→準備→実施→事後　TO・DOリスト〈1か月前〜〉

日時	主な内容	check！	TO・DO	部数等	場所・関係者等
10月上旬	就学時健康診断実施会議	☐	説明会参加		
		☐	実施日時の確認		
		☐	担当医の確認		
		☐	就学児童数の確認		
		☐	予備日の確認		
		☐	欠席者の対応確認		
10月中旬	職員会議提案	☐	実施案の提案		
		☐	教職員の動静の確認		
	実施要項の作成	☐	各検診別実施要項作成		
10月下旬	物品準備	☐	検診器具発注		
		☐	検診器具　受け取り確認		
		☐	検診器具　検診別振り分け		
	受付物品	☐	受付用アルコール消毒ポンプ用意		
		☐	受付番号札		市教委より
		☐	就学予定者名簿　3部コピー	3部	教務確認
		☐	長机	4	倉庫
		☐	パイプいす	6	倉庫
	共通品	☐	マジック　黒		
		☐	ボールペン		
		☐	検診済番号チェック		
	誘導	☐	チェックカード		
	視力検査	☐	視力表	4	
		☐	たち位置足マーク	4	
		☐	5メートル紐	4	
	聴力検査	☐	オージオメーター	4	借用1
		☐	延長コード	4	
	校医検診	☐	逆性せっけん液	3	
		☐	手洗い鉢	3	
		☐	疾病印・スタンプ台	3	
		☐	スタンドライト	3	
		☐	パーテーション	4	
		☐	アルコール消毒ポンプ	3	
		☐	タオル	9	
	知能検査・相談室	☐	就学時健康診断票	150	市教委より
		☐	知能検査用紙	150	市教委より
		☐	知能検査手引き	8	市教委より
		☐	生活年齢早見表	8	市教委より
		☐	鉛筆	5ダース	
		☐	画用紙	白5	
		☐	クレヨン	2	
		☐	幼児用視力検査表	2	
		☐	5メートル紐	2	
	全体配布物	☐	就学時健康診断のしおり	200	綴込み
		☐	・学校案内		教頭
		☐	・校長説明資料		校長
		☐	・通学班登校について		教頭
		☐	・就学時健康診断票の見方		市教委より
		☐	・子育て講座資料		教頭
	物品の検診別仕分け	☐	準備物品の検診別仕分け		
			児童が持っていけるようカゴに準備	8	
11月上旬	就学時健康診断係別職員打ち合わせ	☐	日程調整		リーダー中心に
		☐	打ち合わせ実施		
	5年生児童　事前指導	☐	仕事内容についてプリント作成	140	
		☐	仕事内容について事前指導		学年主任

○TO・DOが済んだらチェックをしていく
○確認しながらチェックすることにも活用できる

○保管場所や連携する関係者などを明記しておくとわかりやすい

健康診断

2－健康診断

就学時健康診断　養護教諭 計画→準備→実施→事後　TO・DOリスト〈1週間前～事後〉

日時	主な内容	check！	TO・DO	部数等	場所・関係者等
1週間前	就学児童人数確認	☐	出欠・転出・転入　最終確認		教頭と
	表示関係準備	☐	校外用（看板、駐車場、駐輪場確認）		
		☐	会場表示		
		☐	受付表示		
		☐	検診の流れの案内		
		☐	立て看板		
		☐	校医挨拶看板		
	物品　検診別最終確認	☐	実施要項に沿い検診別に分け最終確認		
		☐	検診器具　最終準備		
	給食時間の確認	☐	給食配膳時間の確認		栄養士
前日	学校医依頼連絡	☐	担当学校医へ連絡		午前中に
	保護者控室準備	☐	パイプいす移動準備	200	体育館より
		☐	パイプいす拭き		
		☐	放送準備		
	連絡調整物品	☐	トランシーバー	2	
当日	校外準備	☐	駐車場確保		校務員
		☐	駐輪場確保		校務員
		☐	案内看板設置		案内担当
		☐	整列コーン設置	7	案内担当
	校内準備	☐	校医検診　逆性せっけん液設置	4	保健室
		☐	表示確認		
		☐	物品　即配布可能状態にする		
	実施	☐	校内準備状況の最終確認		
		☐	物品を係児童に受け渡し		保健室
		☐	校医出迎え　挨拶、校長室誘導		
		☐	市教委出迎え　挨拶		
		☐	受付にて流れ確認		
		☐	検診会場に様子の伝達		
		☐	開始の放送		
		☐	各検診会場の流れの確認		
		☐	控室の様子の把握		
		☐	検収がスムーズに終わっているか確認		
		☐	就学児童の最終確認（全員済か）		
		☐	終了の放送		
事後		☐	職員打ち合わせ開始の放送		
		☐	5年児童下校最終確認		
		☐	市教委の見送り		
		☐	反省記入用紙配布		
		☐	各検診別　計時確認		
		☐	各会場の復旧具合確認		
		☐	特記しておくべき就学児童の確認		
翌日以降		☐	就学時健康診断報告提出		
		☐	検診器具の洗浄、返却		
		☐	物品の返却、片付け		
		☐	ファイリング保管		
		☐	・就学時健康診断票		
		☐	・知能検査用紙		
		☐	反省用紙のまとめ、報告		

○検診当日に会場を巡回する際のチェックの視点として活用もできる

3 疾病予防　　　　　　　　　　　　　　　　　　　　　　　　　　　　　　No.1

保健調査票のまとめ・一覧表の工夫

1．作成した理由（作成したきっかけ）

　異動直後、学校では、児童の配慮事項や健康実態を把握するのにかなりの時間を要する。そこで、児童生徒の実態をより的確かつ迅速に把握するため、管理・配慮事項のある者はもとより、全児童の氏名を一覧表にし、項目ごとに○をつけ全体把握がしやすい資料を作成した。

2．本ワークシート（資料）の特徴と作成の根拠

- 学年で作成した名簿データを活用できる。
- 1クラス1枚の名簿形式にすることで、校外学習や宿泊行事などにもそのままコピーし活用できる。
- 学校生活管理指導表や給食対応の有無など、対応についても記載できる。
- 全員の氏名を一覧にすることで、年度当初に把握されていなかった事項についても、あとから書き込みができ、次年度にもれなく引継ぎができる。
- 健康診断前（内科検診）の既往症等の把握に活用できる。
- 日常での保健室来室時の既往症の確認（食物アレルギー、ぜんそくなど）に活用できる。

―― 関連法規 ――
○学校保健安全法第8条、第9条、○アレルギー疾患対策基本法第9条、第18条

3．アクティブな活用場面及び活用の際の工夫・留意点

- 年度当初の職員会議等での提案時に、全クラス分を冊子にし、全教職員に配布する。より多くの目で全児童生徒の把握ができる。→不足している情報があれば、補足してもらうようにお願いする。
- 保健調査票、アレルギー調査等をまとめて記載する。
- 児童生徒の個人情報であるため、取り扱い注意の㊙文書であることを必ず明記する。

4．活用のポイント　－児童生徒の要配慮事項一覧表（例）

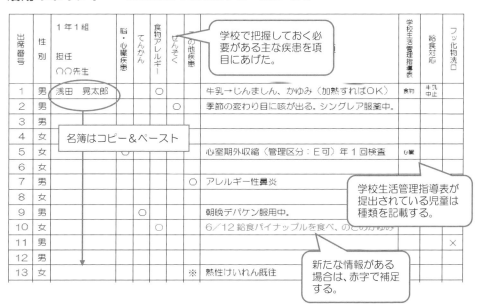

出席番号	性別	1年1組 担任 ○○先生	脳・心臓疾患	てんかん	食物アレルギー	ぜんそく	その他疾患	内容・配慮事項	学校生活管理指導表	給食対応	フッ化物洗口
1	男	浅田　晃太郎			○			牛乳→じんましん、かゆみ（加熱すればOK）	食物	牛乳中止	
2	男					○		季節の変わり目に咳が出る。シングレア服薬中。			
3	男										
4	女										
5	女		○					心室期外収縮（管理区分：E可）年1回検査	心臓		
6	女										
7	男						○	アレルギー性鼻炎			
8	女										
9	男			○				朝晩デパケン服用中。			
10	女				○			6/12 給食パイナップルを食べ、のどのかゆみ		確認中	
11	男										×
12	男										
13	女				※			熱性けいれん既往			
14	男										
15	女					○		持久走などで発作が出やすい、吸入器持参。	喘息		
16	男										
17	女										
18	女										
19	男						○	小児ネフローゼ→運動・食事制限等はなし。	腎臓		
20	女										
21	男										
22	男				○			卵、エビ→口腔内のかゆみ、じんましん	食物	情報	
23	男						○	アトピー性皮膚炎			
24	男										
25	女										
26	女						○	アレルギー性結膜炎			×
27	女										
28	女				※			川崎病既往			
29	女										
30	男										
31	男										
32	男							お腹をこわしやすい。			
33	女										
34	男										
35	男										
36	男							熱が出ると長引きやすい。※7月に5日欠席			
37	女										

インフルエンザ流行期の対応

1. 作成した理由（作成したきっかけ）

　平成21年の学校保健安全法の改正により出席停止期間が見直された。これにより児童生徒やその保護者、教職員に対して、出席停止期間を周知する必要がある。中でもインフルエンザの出席停止期間は、文章や図での通知だけでは混乱が生じやすく徹底できない。そこで、「欠席連絡票」と記入式の「インフルエンザ　出席停止期間早見表」を作成した。これにより出席停止期間の説明に混乱がなくなり、教職員や生徒自身及びその保護者が出席停止期間を確認でき、安心して自宅静養できるようになると考える。

2. 本ワークシート（資料）の特徴と作成の根拠

・各自が「インフルエンザ出席停止期間早見表」に自分の発症の日付を記入する。解熱状況に合わせ出席停止期間を算出し、登校可能日がわかる。
・「インフルエンザ出席停止期間早見表」を活用して保健指導を実施することにより、生徒にも「発症5日、解熱後2日」を理解させることができる。

――関連法規――
○学校保健安全法施行規則第19条

3. アクティブな活用場面及び活用の際の工夫・留意点

・流行時期前に保健だより裏面に印刷し、全校生徒に配布する。また、配布時に学級担任より早見表の見方を説明する。
・登校届と一緒にHPにも掲載し、ダウンロードできるようにする。
・本資料は職員室内の電話の前にラミネートして掲示する。保護者からの欠席連絡時に電話口で対応する際、活用できる。

4. 活用のポイント

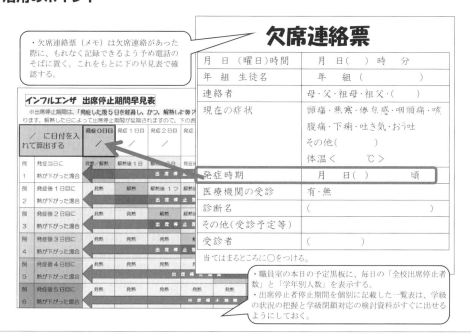

3－疾病予防

インフルエンザ 出席停止期間早見表

※出席停止期間は、「発症した後5日を経過し、かつ、解熱した後2日を経過するまで」となっていますので、最短でも5日間の出席停止となります。解熱した日によって出席停止期間が延期されますので、下の表に日付を当てはめて確認してください。

	発症0日目	発症1日目	発症2日目	発症3日目	発症4日目	発症5日目	発症6日目	発症7日目	発症8日目
／に日付を入れて算出する	／	／	／	／	／	／	／	／	／
例1 発症当日に熱が下がった場合	発системы熱／解熱	解熱後1日 出席停止期間	解熱後2日 出席停止期間	発症後3日 出席停止期間	発症後4日 出席停止期間	発症後5日 出席停止期間	登校可能		
例2 発症後1日目に熱が下がった場合	発熱	解熱 出席停止期間	解熱後1日 出席停止期間	解熱後2日 出席停止期間	発症後4日 出席停止期間	発症後5日 出席停止期間	登校可能		
例3 発症後2日目に熱が下がった場合	発熱	発熱	解熱 出席停止期間	解熱後1日 出席停止期間	解熱後2日 出席停止期間	発症後5日 出席停止期間	登校可能		
例4 発症後3日目に熱が下がった場合	発熱	発熱	発熱	解熱 出席停止期間	解熱後1日 出席停止期間	解熱後2日 出席停止期間	登校可能		
例5 発症後4日目に熱が下がった場合	発熱	発熱	発熱	発熱	解熱 出席停止期間	解熱後1日 出席停止期間	解熱後2日 出席停止期間	登校可能	
例6 発症後5日目に熱が下がった場合	発熱	発熱	発熱	発熱	発熱	解熱 出席停止期間	解熱後1日	解熱後2日	登校可能

※これ以降は、解熱した日によって出席停止期間が延長されます。

※「発症」とは、インフルエンザ様症状（発熱など）が始まった日のことです。病院を受診した時に医師に経過を伝え、発症日を確認してください。**発症した日は「0日目」となります。**

ノロウイルス等感染性胃腸炎の拡大防止の取組み

1．作成した理由（作成したきっかけ）

　学校の様々な場面で、嘔吐は突発的に発生する。このとき、初期対応を間違えると、ウイルスが拡散し、学校全体に感染性胃腸炎が拡大することがある。そこで、子供たちに安心感を持たせながら、全職員が落ち着いて確実に対応するために、嘔吐発生時における行動チャートを作成した。

2．本ワークシート（資料）の特徴と作成の根拠

　嘔吐が発生すると、教師や子供は多少なりとも動揺する。そのことを踏まえ、実際の場面を想定して作成した本シートの特徴は、以下の2点である。
①児童への指示事項を子供にわかりやすい言葉で盛り込む。
②嘔吐物の消毒は、確実に実施する必要があるが、一刻を争うものではない。消毒にとりかかる前の手順を示し、拡大防止を視野に入れ、落ち着いて対応できるように工夫した。

――関連法規――
○学校保健安全法第2章第4節（感染症の予防）第19条〜第21条、○学校保健安全法施行令第6条、第7条
○学校保健安全法施行規則第3章（感染症の予防）第18条〜第21条

3．アクティブな活用場面及び活用の際の工夫・留意点

・年度当初の職員会議で嘔吐発生時の行動チャートを提案し、全職員で共通理解をする。このとき、実際に嘔吐が起こりそうな場面を思い浮かべ「その他の児童への指示」を具体的に数パターン考えてもらう。各自シミュレーションをしておくことで、実際の場面で落ち着いて行動できる。
・食器への嘔吐の対応については、給食担当に事前に確認し合わせて提案したい。

4．活用のポイント

処理手順は、カゴの上部にひもでふたとしてつけておくと活用しやすい。

消毒セットの側面に「消毒中です。近づかないでください。」と貼っておくと、他の児童も状況を把握しやすい。

消毒セットは、子供が覚えやすい"緑のカゴ""青いバケツ"など目立つものに入れる。

手袋やマスクは取り出しやすいように一番上におく。（ファイル用ポケットを紐でつけ、中に手袋など入れておくと取り出しやすい。）

子供が嘔吐した場合、衣服を汚してしまうことが多い。家庭での洗濯方法については、早退する児童を迎えに来た保護者にいつでも渡せるよう、カードを作成しておく。

＜参考文献＞
○埼玉県教育委員会・埼玉県学校保健会：学校における感染症発生時の対応―第2版―、2012年12月

嘔吐発生時における行動チャート

嘔吐物に紙をかぶせる

空気中にウイルスが広がるのを防ぎます。トイレットペーパーや新聞紙、なければ教室にあるいらないプリント紙でもOK。

換気
① 「ここから、離れてください。」
② 「窓やドアを開けてください。換気をします。」

指示

→ 吐いた児童をその場に座らせ、症状を観察する。

上履きや衣服に嘔吐物がついていた場合、移動させるとウイルスが広がります。嘔吐した児童はできるだけその場を動かさず、安静にさせます。
嘔吐した児童の介抱は、教室に来た養護教諭にゆだねます。

① 「職員室へ行って"消毒の青いカゴ"をもらってきてください。」
② 「保健室へ行って、養護の〇〇先生を呼んできてください。」
③ その他の児童への指示。
　「手洗いうがいをして、〇分まで休み時間にしてください。」
　「後ろを向いて、国語の教科書を読んでいましょう。」
　「給食の片付けをして、清掃を始めてください。」　　　など

消毒

① 手袋、マスクを着用する。
② 紙の上から嘔吐物に消毒液をかける。
③ 紙ごと静かによごれをつつみとり、ビニール袋に入れる。
④ 跡をふきとり、消毒液を浸したキッチンペーパーで床を湿布する。(30分程度)
⑤ 手袋やマスクは、ビニール袋に入れ密封して捨てる。
⑥ 処理後は手洗いうがいをする。

ノロウイルスは、乾燥すると空気中に漂い、感染が広がることがあるので嘔吐物が付着した所は必ず消毒します。
ノロウイルス等の感染性胃腸炎は出席停止となります。また、回復した後もウイルスの排泄が続くことがあるので、2週間程度、給食当番は控えさせてください。

合言葉は
紙をかぶせて、換気・指示・消毒！

4　環境衛生

学校環境衛生の日常点検表

1．作成した理由（作成したきっかけ）

　学校教育の基盤となる学校保健において、学校環境衛生活動はすべての教職員が校務分掌等により役割を明確にし、計画的に進めなければならない。特に日常点検は、教職員はもとより、児童生徒等が活動することで、違う視点から結果を評価できる利点があることから本資料を作成した。

2．本ワークシート（資料）の特徴と作成の根拠

- （児童生徒用日常点検簿）児童生徒が記録しやすいように、「○」か「×」で記入する。授業開始前に担任に確認してもらうことで、教室の環境に問題がない状態で授業に臨むことができる。また、委員会活動や係活動として役割を与えることにより、環境衛生に対する責任感と自覚を養うことができる。
- （教師用日常点検簿）日常点検で必要な検査をもれなく行い、記録を残すことで結果を薬剤師に相談し、定期検査に活用したり、速やかな改善につなげることができる。
- 『自分たちの使う教室は、自分たちで管理する』をモットーに、児童生徒が自ら点検することで、教員では気が付かない視点からも環境衛生状態を確認することができる。
- 委員会活動で実施することを想定しているが、クラスの係活動として位置付けることもできる。

―― 関連法規 ――
○学校保健安全法第1条（目的）、第5条（学校保健計画の策定等）、第6条（学校環境衛生基準）、○学校保健安全法施行規則第1条（環境衛生検査）、第2条（日常における環境衛生）

3．アクティブな活用場面及び活用の際の工夫・留意点

- 低学年でも簡単に評価できるような記録様式とした。
- 日常点検は定期検査（又は臨時検査）の基礎資料として記録・保管する。

[生徒用] 　　教室　日常点検簿【　　月　　　週目】

| クラス | 　年　組 | 担任 | 　　　　先生 |

朝の会が終わったら、担任の先生に確認してもらいましょう

【点検方法】
・点検簿は職員室前の配布ボックスに入れてあります
・毎朝、*1時間目が始まるまでに点検をしてください*
・異常などがあった場合は、具体的に記入しましょう

【判定基準】

○：異常なし

×：異常あり
（内容を具体的に記入）

		日付	/	/	/	/	/
		曜日	曜日	曜日	曜日	曜日	曜日
		天気	☀☁☂☃	☀☁☂☃	☀☁☂☃	☀☁☂☃	☀☁☂☃
		気温	℃	℃	℃	℃	℃
		湿度	％	％	％	％	％
換気	気分を悪くする臭いはないか						
	窓を開けて換気をしているか						
明るさとまぶしさ	明るさは十分あるか						
	見えにくいところはないか						
	黒板や机の上はまぶしくないか						
騒音	授業の邪魔になる音はないか						
清潔	きれいで整頓されているか						
	教室内やゴミ箱周辺は清潔か						
	ゴミは分別されているか						
	机やいすに汚れや壊れはないか						
衛生害虫	ネズミ・衛生害虫等はいないか						
その他	点検で気になることがあったら具体的に記入してください						
	担任印						

※点検後、必ず担任の先生に確認サインをもらいましょう！

|教師用|

特別教室　日常点検簿【　　月　　週目】

| 場所 | 　　　　　　　　　　　室 | 担当 | 　　　　　　　先生 |

【点検方法】
- 授業で特別教室を使用する場合は必ず点検をしてください
- 異常などがあった場合は具体的に記入し、速やかに担当者へ報告をお願いします

環境衛生

【判定基準】 ○：異常なし △：改善の必要あり ×：直ちに改善が必要		日付					
		曜日	曜日	曜日	曜日	曜日	曜日
		天気	☼☁☂☃	☼☁☂☃	☼☁☂☃	☼☁☂☃	☼☁☂☃
		気温	℃	℃	℃	℃	℃
		湿度	％	％	％	％	％
換気	気分を悪くする臭いはないか						
	窓を開けて換気をしているか						
明るさとまぶしさ	明るさは十分あるか						
	見えにくいところはないか						
	黒板や机上はまぶしくないか						
騒音	授業の邪魔になる音はないか						
清潔	きれいで整頓されているか						
	教室内やゴミ箱周辺は清潔か						
	ゴミは分別されているか						
	机やいすに汚れ・破損はないか						
衛生害虫	ネズミ・衛生害虫等はいないか						
その他	点検で気になることがあったら具体的に記入してください						
	担当者印						

4-環境衛生

[教師用] 校舎内・外　環境衛生点検簿【　　月　　週目】

場所		担当	先生

【点検方法】
・授業がある日は必ず点検をしてください
・異常などがあった場合は具体的に記入し、速やかに担当者へ報告をお願いします

【判定基準】 ○：異常なし △：改善の必要あり ×：直ちに改善が必要		日付					
		曜日	曜日	曜日	曜日	曜日	曜日
		天気					
水飲み 洗口 手洗い場 足洗い場	清掃が行われ清潔であるか						
	水漏れ・故障等がないか						
	排水の状態は良好か						
トイレ	清掃が行われ清潔であるか						
	換気が行われ臭気がないか						
	汚れや破損はないか						
衛生害虫	ﾈｽﾞﾐ・衛生害虫等はいないか						
排水溝	排水は円滑に流れているか						
	悪臭が発生していないか						
ごみ置場	ごみは分別されているか						
	ごみ置場周辺は清潔か						
階段 廊下	清掃が行われ清潔であるか						
	汚れや破損はないか						
その他							
	担当者印						

環境衛生点検集計簿【　　月　　週目】

【判定基準】　✓：異常なし　　△：改善の必要あり　　◎：直ちに改善が必要

		日（　）	日（　）	日（　）	日（　）	日（　）
日付						
天気		☼ ☁ ☂ ☃	☼ ☁ ☂ ☃	☼ ☁ ☂ ☃	☼ ☁ ☂ ☃	☼ ☁ ☂ ☃
気温		℃	℃	℃	℃	℃
湿度		％	％	％	％	％
教室等の環境	換気					
	温度					
	明るさ					
	黒板					
	騒音					
飲料水等	飲料水					
	手洗い場					
	※冷水器					
学校の清潔	階段廊下					
	机・いす					
	運動場					
	トイレ					
	排水溝					
	ごみ置場					
	衛生害虫					
その他						
事後措置						

校長	教頭	担当者

4－環境衛生

5 健康観察　　No.1

日常の健康観察の工夫（朝の健康観察表及び実施マニュアル）

1．作成した理由（作成したきっかけ）

健康観察は子供たちが心身共に健康な学校生活を送るために行う。さらに、日ごろの状態を一人一人把握する上で大きな役割を果たしている。しかし、その日の欠席者と欠席理由を把握するのみのいわゆる「欠席調べ」にとどまっているケースを時々耳にする。

「健康観察」は欠席者の状況を把握することはもとより、学校全体ですべての児童生徒の日常の心身の状態を継続的に把握し、課題が生じたときにいち早くその原因に気づき迅速な対応をすることが目的である。ここでは、朝の健康観察を実施する上で役立つ担任向けの資料を提示することとした。

2．本ワークシート（資料）の特徴と作成の根拠

○健康観察表
　クラスごと、月ごとに1枚記録する。記録表は、縦に子供の名簿、横に日付を設ける。朝の健康観察の時間に、学級担任が子供を一人一人呼名し健康状態を把握し記録をする。（健康観察の方法については別資料参照）

○職員会議提案時の資料（健康観察の方法）
　健康観察の目的や法的根拠、健康観察の機会及び健康観察の方法について、職員会議提案時に必要な事項を説明できる。

○健康観察集計表
　欠席者の数と理由はもとより、登校している子供たちの健康状態を継続的に把握し、課題の早期発見につなぐことができる。

3．アクティブな活用場面及び活用の際の工夫・留意点

○職員会議に健康観察の法的根拠や方法を提案する資料となる。
○健康観察の方法に関する資料を作成する。
○集計表を作成し、活用する。

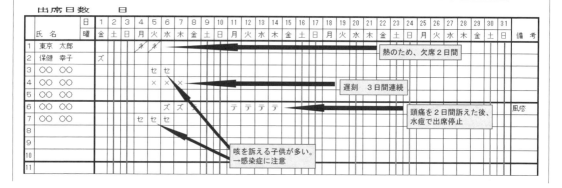

4．活用のポイント

＜健康観察の方法＞

①児童の出席を確認しながら１人ずつ呼名する。
☆「東京（太郎）さん」
　　　↓
②児童は自分の健康状態を伝える。
☆「はい　元気です」→無印
★「はい　風邪気味です」　⎤
★「はい　頭が痛いです」　⎬　記入あり
★「はい　咳が出ます」など⎦

③健康観察票に記号を記入
　●欠席者→／(斜線)と理由を記入　　　▱カ　（カゼで欠席）
　●出席者→マスの中に理由を記入
　　※基本的には出席簿と同じ　　　　　□カ　（出席しているがかぜをひいている）

【凡例】

・かぜ…カ	・頭痛…ズ	・熱…ネ
・腹痛…フ	・気持ち悪い（嘔吐）…オ	
・下痢…ゲ	・咳…セ	・鼻水…ハ
・胃腸炎…イ	・歯痛…シ	・けが…ケ
・事故欠…／	・忌引…キ（赤字）	
・早退…〇	・遅刻…×	・遅刻早退…⊗
・出席停止…テ（赤字、欄外に病名）　※欠席初日にさかのぼって出停		

④１日の学校生活に支障がないかを判断する

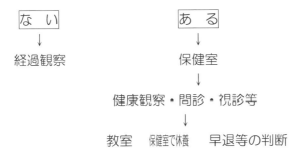

⑤健康観察終了後午前９時までに、健康観察表を保健室に届ける。
⑥養護教諭もしくは担任がデータ入力・確認
　※後から遅刻・早退・出席停止になったケースは、担任が入力する。
　※出席簿は学級担任が確認する。

健康観察を実施するための職員会議提案資料

健康観察実施について

1. 健康観察の目的

①子どもの心身の健康問題の早期発見・早期対応を図る。
②感染症や食中毒などの集団発生状況を把握し、感染の拡大防止や予防を図る。
③日々の継続的な実施によって、子どもに自他の健康に興味・関心をもたせ、自己管理能力の育成を図る。

2. 健康観察の法的根拠

中央教育審議会答申(H20.1.17)

> Ⅱ学校保健の充実を図るための方策について
> 2．学校保健に関する学校内の体制の充実
> （3）学級担任や教科担任等
> 　②健康観察は、学級担任、養護教諭などが子どもの体調不良や欠席・遅刻などの日常的な心身の健康状態を把握することにより、感染症や心の健康課題などの心身の変化について、早期発見・早期対応を図るために行われるものである。
> 　③学級担任等により毎朝行われる健康観察は特に重要であるため、全校の子どもの健康状態の把握方法について、初任者研修をはじめとする各種現職研修などにおいて演習などの実践的な研修を行うことやモデル的な健康観察表の作成、実践例の掲載を含めた指導資料作成が必要である。

学校保健安全法(H21.4.1施行)

> （保健指導）
> 第九条　養護教諭その他の職員は、相互に連携して、健康相談又は児童生徒等の健康状態の日常的な観察により、児童生徒等の心身の状況を把握し、健康上の問題があると認めるときは、遅滞なく、当該児童生徒等に対して必要な指導を行うとともに、必要に応じ、その保護者に対して必要な助言を行うものとする。

3. 健康観察の機会

	時　間	実施者	主な観点
学校における健康観察	朝や帰りの会	学級担任	登校の時間帯・形態、朝夕の健康観察での表情・症状
	授業中	学級担任及び教科担任等	心身の状況、友人・教員との人間関係、授業の参加態度
	休憩時間	教職員	友人関係、過ごし方
	給食(昼食)時間	学級担任	食事中の会話・食欲、食事摂取量
	保健室来室時	養護教諭	心身の状況、来室頻度
	学校行事	教職員	参加態度、心身の状況、人間関係
	放課後	教職員	友人関係、下校の時間帯・形態

（文部科学省：「教職員のための子どもの健康観察の方法と問題への対応」より）

【健康観察表】

健康観察表
月分　1年1組

※欠席者は、斜線をして、理由を記号で記入。在籍児は斜線なしで、記号を記入。

- ○風邪(カ)
- ○熱(ネ)
- ○頭痛(ズ)
- ○腹痛(フ)
- ○鼻水(ハ)
- ○けが(ケ) 傷病名 を備考欄に記入

- ○胃腸炎(イ)
- ○歯痛(シ)
- ○嘔吐・悪心(オ)
- ○下痢(ゲ)
- ○咳(セ)

- ★事故欠席(∅)
- ★遅刻(×)
- ★早退(○)
- ★出席停止(テ) 病名 を備考欄に記入(赤字)
- ★忌引き(キ)赤字
- ★遅刻早退(×)

出席日数　　日

氏名	日/曜	1	2	3	4	5	6	7	8	9	10	11	12	13	14	15	16	17	18	19	20	21	22	23	24	25	26	27	28	29	30	31	備考
1																																	
2																																	
3																																	
4																																	
5																																	
6																																	
7																																	
8																																	
9																																	
10																																	
11																																	
12																																	
13																																	
14																																	
15																																	
16																																	
17																																	
18																																	
19																																	
20																																	
21																																	
22																																	
23																																	
24																																	
25																																	
26																																	
27																																	
28																																	
29																																	
30																																	
31																																	
32																																	
33																																	
34																																	
35																																	
36																																	
男子の病欠																																	
女子の病欠																																	
男子の事故欠																																	
女子の事故欠																																	
男子の出席停止																																	
女子の出席停止																																	
総欠席者数																																	

健康観察

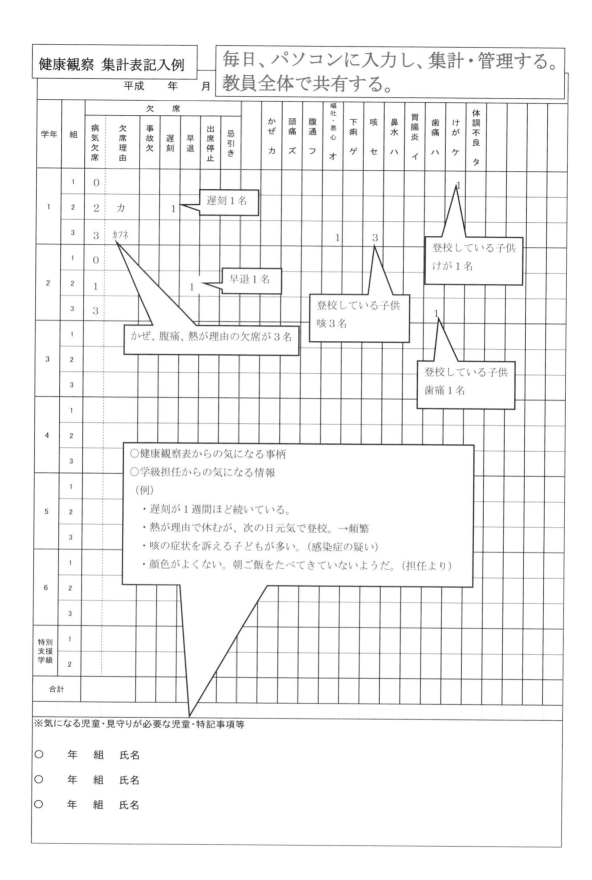

| 学年 | 組 | 欠席 | | | | | | | かぜ カ | 頭痛 ズ | 腹痛 フ | 嘔吐・悪心 オ | 下痢 ゲ | 咳 セ | 鼻水 ハ | 胃腸炎 イ | 歯痛 ハ | けが ケ | 体調不良 タ | | | |
		病気欠席	欠席理由	事故欠	遅刻	早退	出席停止	忌引き														
1	1																					
	2																					
	3																					
2	1																					
	2																					
	3																					
3	1																					
	2																					
	3																					
4	1																					
	2																					
	3																					
5	1																					
	2																					
	3																					
6	1																					
	2																					
	3																					
特別支援学級	1																					
	2																					
合計																						

平成　年　月　日（　）　　校長印　副校長印　養護教諭印

健康観察

※気になる児童・見守りが必要な児童・特記事項等

○　　年　　組　　氏名

○　　年　　組　　氏名

○　　年　　組　　氏名

非常災害時の心の健康観察票（心と体のヘルシーチェック）

1．作成した理由（作成したきっかけ）

　非常災害は、いつ・どこで起こるかわからない。養護教諭も様々なことを想定した危機管理が必要である。とりわけ災害時の「心の健康状態の把握」は重要である。東日本大震災以降専門家チームによる健康観察マニュアルも複数発行されている。

　それらの資料も生徒の状況に即した作成が必要である。そのためには、日ごろから生徒自身が心身の健康に関心を持ち、健康状態を把握できる力を身につけ、非常事態が起こっても、自分の変化を察知し、困った時は周囲に助けを求められるような力を身につける必要がある。

　そこで非常災害時に準備するのではなく、危機管理の一環として日ごろから生徒の実態に即した「心の健康観察票」を作成する必要がある。

2．本ワークシート（資料）の特徴と作成の根拠

・必要な情報を簡単に記入することができる。
・困っていること、心配なことなどのSOSを出せる。
・硬い書式ではなく、書きやすい。

3．アクティブな活用場面及び活用の際の工夫・留意点

・実施後の確認はすぐに行い、キャッチしたサインにいち早く対応する。そのままにしておかない。
・気になる回答については、個別に直接、話を聴いて対応する。
・教職員・支援チームメンバーと結果の情報共有を図る。
・状況を見ながら、心と体のヘルシーチェックを活用して保健指導を実施する。
・必ず自由記述欄を設け、子供とのコミュニケーションツールとしても活用する。
・誰でも気軽に取り組めるものを心がける。難しく考えて書くようなものは避ける。
・同じ用紙に1週間記録することにより、本人も心身の状態や変化に気づくことができるようにする。
・その日だけでなく、週単位の結果により、状況を深く読み取ることができる。

4．活用のポイント　－記入例－

自分の気分を顔で表現し、コメントする。
描けない子供のためにサンプルをイラストとして載せる。
描けない場合は無理をさせない。

自由記述欄は、コミュニケーションツールとして使えるので丁寧に扱う。記入事項に返信し、コミュニケーションをはかる。内容によってはすぐに直接話を聴く必要もある。

※参考図書：「ストレスマネージメント理論による心とからだの健康観察と教育相談ツール集」冨永良喜著・あいり出版、2014年3月

心と体のヘルシーチェック

年　　組　氏名　　　　　　

今日の気分を顔で描いてみてください。
あてはまるところに○　△　×を記入してください。
○あてはまる・よい　　△少しあてはまる・あまりよくない　　×よくない

	記入例	日(月)	日(火)	日(水)	日(木)	日(金)
今日の気分はどんな顔？ コメント	イライラする					
睡眠	○					
食事	△					
からだのどこかが痛い（どこ？）	頭					
排便 便秘/下痢	○					
緊張している	○					
心配だ	○					
悲しい						
イライラする						
怖い						
疲れている	○					
伝えたいことや話したいこと、困っていることなど何でもどうぞ	肩、首が痛く頭痛がしてきた。とても疲れている。					

健康観察

6 健康相談・健康相談活動

No.1

健康相談・健康相談活動 109 の視点一覧表

1．作成した理由（作成したきっかけ）

　健康相談活動は保健体育審議会答申（平成9年）で提言され、それを受け教育職員免許法施行規則第9条に「健康相談活動の理論及び方法」の科目が新設された。その定義は次の通りである。「養護教諭の行う健康相談活動とは、養護教諭の職務の特質や保健室の機能を十分に生かし、児童生徒の様々な訴えに対して、常に心的な要因や背景を念頭において、心身の観察、問題の背景の分析、解決のための支援、関係者との連携など心や体の両面への対応を行う活動である。（保健体育審議会答申・平成9年9月22日）」

　この活動を行うための必要な資質能力として養護教諭の職務の特質や保健室の機能を十分活かしつつ、○「心の問題と身体症状」に関する知識理解、○心身の観察の仕方、○問題の背景の分析力、○受け止め方、○確かな判断力、○対応力（カウンセリング能力）、○連携力、○心身医学等の知識やスキルが必要となるが、十分周知されているとはいえないという声が聞かれる。

　そこで、これらの資質能力を実践のプロセスに対応させ、109の視点から設定した。また、各事項を「できる」「わかる」と表記し実践に活かしやすいようにと考え設定した。

2．本ワークシート（資料）の特徴と作成の根拠

・縦列は健康相談・健康相談活動の実践プロセス（流れ）を示し、実践に活かしやすいようにしたこと。
・横列は健康相談・健康相談活動の基本的理解、ヘルスアセスメント、養護教諭の職の特質、保健室の機能、カウンセリングの資質、連携など資質能力の核を示したこと。
・それぞれの項目の語尾を「わかる」「できる」として理解目標、技術の目標としたこと。

3．アクティブな活用場面及び活用の際の工夫・留意点

・健康相談・健康相談活動の実践の際には、まずこの一覧表を概観し、この実践に必要な、「知識・技術」等の資質能力を確認する。
・アセスメントの知識・技術を活用する（例、NO 44 ～ NO 50）。
　実践のプロセスの初期対応では「心や体の観察」のための「ヘルスアセスメントの項目や進め方の理解と技術獲得」が必要であるのでフィジカルアセスメント、心理社会アセスメント、生活習慣アセスメントなどの知識技術の習得にも心がける（例、NO 46）。
・養護教諭の職の特質を活かす（例、NO 51 ～ 64）。
　心と体の両面に関わるために「養護教諭の職務の特質であるタッチング」を活かす（例、NO 68）。
・保健室の機能を活かす。
　どこの保健室にも存在するベッドや毛布などを活用する（例、NO 66）。
・専門家を活用しチームで関わる（例、NO 97 ～ NO 103）。
　（NO は、P60 ～ 61 に示した項目番号を示す）

4. ワークシート活用のポイント

健康相談・健康相談活動の プロセスとヘルスアセスメント		基盤として必要な資質能力			
		基本的事項	健康相談・健康相談活動の流れからの視点（保健指導含む）	ヘルスアセスメントの視点	養護教諭の職務特質や保健室の機能の視点
①心身の健康観察（担任・保健室来室） 身体的症状等の訴え （なんとなく、つらい等含む）	①担任等の健康観察結果 ②来室者状態の把握の過程 ○フィジカルアセスメント ・バイタル、表情などの一般状態アセスメント ○生活習慣アセスメント ・睡眠状態 ・食事摂取状況 ・排泄状態（排便・排尿）	1 健康相談・健康相談活動の意義と方法等本質がわかる（平成9年保体審答申、学校保健安全法） 2 養護教諭養成カリキュラムの科目新設の意義がわかる	17 健康相談・健康相談活動のプロセスがわかる ・初期対応 ・継続的対応 ・危機管理的対応 ・保健指導につなぐ対応	44 養護教諭が行うアセスメントとは何かがわかる 45 健康相談と健康相談活動に生かすヘルスアセスメントとは何かがわかる 46 ヘルスアセスメントの内容がわかる ①フィジカルアセスメント ②心理的アセスメント ③社会的アセスメント ④生活習慣アセスメント	51 教育活動の一環としての活動がわかる 52 学校保健活動の位置づけがわかる 53 養護教諭の職務の特質がわかる 54 保健室の機能の特質がわかる 55 健康相談・健康相談活動と養護教諭の役割がわかる 56 身体の諸器官や機能の機能や生理発育発達の特徴がわかる 57 心身の観察力を高めるための技術（問診、視診、触診等診断学的手法による観察のポイント 58 心身医学の知識を習得することができる
背景要因の分析	③養護教諭の判断 ○フィジカルアセスメント 心因性か器質性かの鑑別診断（器質性か心因性かの判断） ○心理的アセスメント ・本人自身の自己概念 ・本人自身の自己認識等	3 心身の健康観察ができる（面接や処置時の会話） 4 心因性か器質性かの判断ができる 5 保健調査や健康診断結果の活用ができる	18 問診、視診、触診等の診断学的手法による心身の健康観察ができる 19 日常における情報収集ができる 20 健康観察結果や来室データを踏まえた分析と判断ができる 21 保健調査の活用ができる		
②必要に応じて医師の診察	○社会的アセスメント ・本人と他者との関係性 ・役割関係	6 担任教諭及び家庭との連絡ができる 7 医療機関との連携の在り方がわかる	22 本人への受診指導ができる 23 医療機関への紹介の仕方がわかる。また保健指導につなぐタイミングがわかる	47 ヘルスアセスメントの5つの機能及び健康相談・健康相談活動との関連がわかる 48 健康相談・健康相談活動の過程に対応したアセスメントがわかる	59 医療医等の職務内容の法的根拠がわかる 60 医師、専門家、専門機関等の特質がわかる
心因性要因 / 器質性要因 疾病等が確定→医療機関 ③心因の具体的要因分析、対応者の決定 （必要な対応の種類と限界の検討） ④対応者の判断		8 背景要因の判断ができる	24 保護者との面接、学級担任との情報交換ができる		61 子供の心身の相談がわかる 62 精神障害と好発年齢等がわかる
		9 対応者の見極めができる	25 症状の程度の見極めができる 26 心身の状態に応じた支援者の判断ができる 27 心身の症状や問題に適した医療機関等のリファレンスができる	49 ヘルスアセスメントの技法ができる	63 精神科医やスクールカウンセラー等の専門家の職務がわかる 64 心身の健康状態や悩みに即した支援者の判断ができる
自ら支援 / ・学校医・学校歯科医・学校薬剤師・スクールカウンセラー・相談機関等に橋渡し 養護教諭の特質 保健室の機能		10 対応のための支援計画の作成ができる 11 養護教諭の専門性と保健室の機能を生かした心と体へ	28 対応の方法、校内体制を作ることができる 29 役割分担をすることができる 30 心身の状態に合ったカウンセリングができる	50 実践例（症状別）をもとに行うヘルスアセスメントのやり方を理解して実践できる（記録用紙の活用と工夫）	65 保健室の施設、設備、備品、空間の活用ができる 66 ベッド、毛布、タオルケット類の活用の効果がわかり活用できる（毛布による包まれ効果と技術）

資質能力をできる（行動目標）わかる（理解目標）で示した。

健康相談・健康相談活動のプロセスを軸にヘルスアセスメント、養護教諭の特質、保健室の機能を記述

養護教諭が行う健康相談・健康相談活動のプロセスと必要な資質能力(知識・技術)

健康相談・健康相談活動のプロセスとヘルスアセスメント		基盤として		
		基本的事項	健康相談・健康相談活動の流れからの視点(保健指導含む)	ヘルスアセスメントの視点
①心身の健康観察(担任・保健室来室) 身体的症状等の訴え(なんとなく、つらい等含む)	①担任等の健康観察結果 ○来室者状態の把握の過程 ○フィジカルアセスメント ・バイタル、表情などの一般状態アセスメント ○生活習慣アセスメント ・睡眠状態 ・食事摂取状況 ・排泄状態(排便・排尿)	1 健康相談・健康相談活動の意義と方法等本質がわかる(平成9年保体審申、学校保健安全法) 2 養護教諭養成カリキュラムの科目新設の意義がわかる	17 健康相談・健康相談活動のプロセスがわかる ・初期対応 ・継続的対応 ・危機管理的対応 ・保健指導につなぐ対応	44 養護教諭が行うアセスメントとは何かがわかる 45 健康相談と健康相談活動に生かすヘルスアセスメントとは何かがわかる 46 ヘルスアセスメントの内容がわかる ①フィジカルアセスメント ②心理的アセスメント ③社会的アセスメント ④生活習慣アセスメント
背景要因の分析	③養護教諭の判断 ○フィジカルアセスメント ・心因性か否かの鑑別診断(器質性か心因性かの判断) ○心理的アセスメント ・本人自身の自己概念 ・本人自身の自己認識等	3 心身の健康観察ができる(面接や処置時の会話) 4 心因性か器質性かの判断ができる 5 保健調査や健康診断結果の活用ができる	18 問診、視診、触診等の診断学的手法による心身の健康観察ができる 19 日常における情報収集ができる 20 健康観察結果や来室データを踏まえた分析と判断ができる 21 保健調査の活用ができる	47 ヘルスアセスメントの5つの機能及び健康相談・健康相談活動との関連ができる
②必要に応じて医師の診察				
心因性要因　器質性要因 疾病等が確定→医療機関	○社会的アセスメント ・本人と他者との関係性 ・役割関係	6 担任教諭及び家庭との連絡ができる 7 医療機関との連携の在り方がわかる	22 本人への受診指導ができる 23 医療機関への紹介の仕方がわかる。また保健指導につなぐタイミングがわかる	48 健康相談・健康相談活動の過程に対応したアセスメントがわかる
③心因の具体的要因分析、対応者の決定(必要な対応の種類と限界の検討) ④対応者の判断		8 背景要因の判断ができる	24 保護者との面接、学級担任との情報交換ができる	
自ら支援　・学校医・学校歯科医・学校薬剤師・スクールカウンセラー・相談機関等に橋渡し		9 対応者の見極めができる	25 症状の程度の見極めができる 26 心身の状態に応じた支援者の判断ができる 27 心身の症状や問題に適した医療機関選択のアドバイスができる	49 ヘルスアセスメントの技法ができる
養護教諭の特質 保健室の機能		10 対応のための支援計画の作成ができる 11 養護教諭の専門性と保健室の機能を生かした心と体への対応ができる 12 身体的苦痛への応急処置ができる	28 対応の方法、校内体制を作ることができる 29 役割分担をすることができる 30 心身の状況に合ったカウンセリングができる 31 児童生徒を受け入れやすい保健室の環境づくりができる 32 苦痛の緩和の処置ができる	50 実際例(症状別)をもとに行うヘルスアセスメントのやり方を理解して実践できる(記録用紙の活用と工夫)
養護教諭による心と体への対応 ★健康相談・健康相談活動の継続 ★保健指導の実施(第9条) ○担任教師への連絡・助言 ○校内連携の推進と課題の共有 ○保護者との相談 ○地域の諸機関との連携 ○医療機関や相談機関との連携	④対応の過程 ○上記のヘルスアセスメントを対応過程の各場面に応じて4つのアセスメントを適切に繰り返し活用する	13 対応のための情報交換ができる 14 保健指導(個別)の計画・実施・評価ができる(学校保健安全法第9条) 15 医療機関の受診状況に基づく対応ができる 16 医療機関や相談機関の情報収集と連携ができる(学校保健安全法第10条)	33 心因性であることの共通理解のためのコーディネートができる 34 対応のための事例研究ができる 35 児童生徒の心身の状況の情報提供ができる 36 児童生徒の教室での様子の情報収集の仕方がわかる 37 受診状況の把握がわかる 38 受診状況に応じた学校でのケアの内容と方法がわかる。また機関選択へのアドバイスができる 39 医療機関や相談機関との日常的な連携ができる 40 学校生活における対応のアドバイスができる 41 服薬する場合等の留意点についての助言ができる	
フォローアップ			42 事後の日常の健康観察ができる 43 事後の学級担任、保護者との連携ができる	

109の視点

三木作成(平成27.7.15)

必要な資質能力(知識・技術)

養護教諭の職務特質や保健室の機能の視点	カウンセリングの機能の視点（生徒指導等との関連）	連携 連絡・協力の視点（時系列・対象・タイミング）・事例検討会
51 教育活動の一環としての活動がわかる 52 学校保健活動の位置づけがわかる 53 養護教諭の職務の特質がわかる 54 保健室の機能の特質がわかる 55 健康相談・健康相談活動と養護教諭の役割がわかる	75 生徒指導の意義、児童生徒理解の必要性がわかる 76 不登校、いじめに対する心理学的な理解ができる 77 教育相談の意義、理論と校内の状況がわかる	**＜日常的な活動＞** 92 健康相談・健康相談活動の基本などに関する共通理解の確認ができる ・対応のためのネットワークづくりができる ・連携の対象とその業務内容や特徴の理解と活用法 93 危機管理における日常の在り方がわかる ・児童虐待・薬物乱用・摂食障害・PTSD・妊娠等 94 学校医、学校歯科医、学校薬剤師等への連絡、打ち合わせがタイムリーにできる
56 身体の諸器官や臓器の機能や生理発育発達の特徴がわかる 57 心身の観察力を高めるための技術（問診、視診、触診等診断学的手法による観察のポイント）がわかる 58 心身医学の知識を習得することができる	78 カウンセリングの基礎的知識を持っている 79 カウンセリングの基礎的技術傾聴の基本がわかり、できる 応答の基本と応用の技術習得（○○しながらカウンセリング）	・精神科医や医療機関への橋渡しの際のタイミングやインフォームドコンセント等の共通理解 95 事例検討会の意義がわかる 96 地域の小児科、精神科医や心理職の方の把握と活用ができる ・医療機関マップの作成 ・地域の小児科（心身医学に詳しい）、思春期相談、いじめ相談の施設や心理的な専門家の把握
59 学校医等の職務内容の法的根拠がわかる 60 学校医、専門家、専門機関等の特質がわかる		**＜対応中における連携活動＞** 97 校長との連絡連携ができる ・対象事例についての報告と対応の基本方針についての確認 98 保健主任、生徒指導主任との連携協力ができる ・対応の方針や計画及び対応グループ編成の検討
61 子供の心身の相関がわかる 62 精神障害と好発年齢等がわかる	80 保健室にて活用可能な心理テストを理解し活用ができる	99 学級担任・ホームルーム担任・教科担任と連携協力ができる ・学習の状況、学級内の状況（友人関係など） ・対応に関する情報
63 精神科医やスクールカウンセラー等の専門家の職務がわかる 64 心身の健康状態や悩みに即した支援者の判断ができる	81 スクールカウンセラーと養護教諭の役割が明確にわかる 82 教育相談担当者と養護教諭の役割が明確にわかる	100 保護者・地域とタイムリーに連絡、連携ができる ・三者面談の機会の活用 101 地域関係機関とタイムリーに連絡、連携ができる ・警察、児童相談所、福祉事務所、保健所及び地域の教育センター等への訪問と情報交換
65 保健室の施設、設備、備品、空間の活用ができる 66 ベッド、毛布、タオルケット類の活用の効果がわかり活用できる（毛布による包まれ効果と技術） 67 保健室図書の活用ができる 68 養護教諭のタッチングの技法（観る、見る、視る、看る、診る）ができる 69 事例記録の取り方・事例研究の進め方ができる 70 「保健室登校」の意義がわかる 71 保健室登校対応記録の作成と活用ができる	83 学校における生徒指導体制と健康相談活動体制の連携ができる 84 学校における非行対策と養護教諭の役割がわかる 85 心身の現代的課題と健康相談活動がわかる 86 学級経営と生徒指導の在り方がわかる 87 学級における問題行動の児童生徒を把握することができる 88 事例研究の意義と進め方がわかる	102 心身医学の専門家や精神科医など心身の疾病に関する専門家との連携協力ができる ・心と体の相関に関わる疾病の理解及びその気付きと対応についての助言ができる ・幼児、学童、青年期に好発する精神疾患の理解と学校での対応についての助言 103 校内の組織を効果的に活用連携できる ・対応のための事例検討会の企画ができる ・事例検討会の役割を分担できる **＜事後の健康相談活動—フォローアップ体制—＞** 104 校内の組織 ・対象事例のフォローアップについての理解を深める校内研修などの設定ができる 105 保護者と適切な連絡や相談対応ができる 106 地域の医療機関や相談機関と事後の報告の在り方がわかる
72 家庭との連携の在り方がわかり、できる	89 青少年の保護育成に関連した地域諸機関の活動との連携の在り方がわかる	・事後の対応組織の確認と情報交換ができる 107 学校保健委員会やPTA組織と連携できる 108 保健指導や心を育てる活動につなぐことができる
73 地域の関係医療機関、相談機関の種類や数を把握し活用できる 74 フォローアップの観点と内容がわかり、できる	90 少年の保護処分と矯正に関することがわかる 91 個人情報保護条例がわかる	109 心の健康・ストレス等の保健指導と関連することができる

6－健康相談・健康相談活動

子供の心と体の確かな観察「ヘルスアセスメント」

1．作成した理由（作成したきっかけ）

　ヘルスアセスメントとは、フィジカルアセスメント及び心理的・社会的アセスメント、生活習慣アセスメントを統合したものである。これらを総合的にアセスメントすることは、必ずしも十分とは言えない現状がある。そこで子供の心身の健康状態を系統的にもれなく把握するために活用でき、児童生徒の心身の健康状態を的確に情報収集・判断するために必要な項目を一覧表にし、養護教諭と児童生徒がともに確認しながら健康状態を把握できるアセスメントシートを作成した。

2．本ワークシート（資料）の特徴と作成の根拠

- 学校保健安全法第8条（健康相談）及び第9条（保健指導）を実施するにあたっては、確かな観察に基づいた情報とそれに基づいた判断が必要であるが、それらを示したものはこれまでにあまりみられない。
- 保健室来室時と保健室退室時に同じ観察内容の評価を行い、教室復帰等の判断について根拠を示せるようにした。
- 児童生徒に問診をしながら、養護教諭と児童生徒がともに確認したり考えたりしながら記入する。これにより、児童生徒が自身を省察することができると、健康課題に「気づき」を促すことができる。

3．アクティブな活用場面及び活用の際の工夫・留意点

- 本シートは**保健室に来室するすべての児童生徒に実施するのではない。**子供の心身の健康状態に課題があると考えられる者に対して、系統的に把握する際に活用する。
- 児童生徒の目前で記入しながら問診するのが難しい場合は、あとで把握した内容を確認するために用いることもできる。
- 児童生徒のその後の対応の根拠や経過記録にもなることから、個人カルテのように個人別ファイルに保管しておくとよい。保管にあたっては個人情報にもなるので鍵のかかる場所に収納する。

4．アセスメントシートの記入例

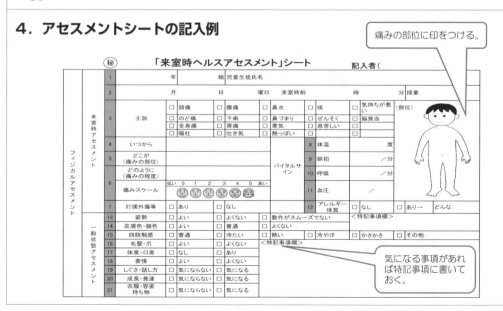

食事摂取の有無だけでなく「何を」「誰と」「いつ」「どれだけ」食べたなどの

生活習慣（行動）アセスメント	生活習慣（行動）アセスメント	22	朝食	□食べた	□少し食べた	□食べない	→何を		どのくらい	誰と？
			給食	□食べた	□少し食べた	□食べない	→何を		どのくらい	誰と？
			前日食事	□食べた	□少し食べた	□食べない	→何を		どのくらい	誰と？
		23	排便	□出た：いつ…	性状…		□出ない	□便秘		
			月経	□順	□不順	□多い	□普通	□少ない	□月経痛あり	
		24	睡眠	□よく眠れた	□眠れない	睡眠時間→	寝た時刻　：	～起きた時刻　：	合計　　時間	
		25	行動	□落ち着き無し	□暴力的	□不穏				

部位別フィジカルアセスメントは、主訴がある部位や気になる場所を実施する。

部位別のフィジカルアセスメント	腹部アセスメント	26	腹部の張り	□なし	□あり	<特記事項欄>			
		27	腹部冷感	□なし	□あり				
		28	痛み・部位	□持続的	□変動（間欠的）	□部位は臍周辺				
	頭部顔面頸部アセスメント	29	圧痛	□なし	□あり	□頭蓋	□副鼻腔		
		30	顔面の表情（神経系のバランス）	□所見なし	□所見あり→	具体的に：	<特記事項欄>		
	口腔咽頭アセスメント	31	口腔及び口腔内（舌及び口蓋含む）	□所見なし	□所見あり→	□口内炎	□その他（　　）	のどの様子	
		32	歯及び歯肉	□所見なし	□所見あり→	□う歯	□歯肉炎・歯周疾患	□その他（　　）	
		33	咽頭・扁桃腫脹	□所見なし	□所見あり→	□扁桃肥大	□その他（　　）		
	リンパ節のアセスメント	34	腫脹	□所見なし	□所見あり→	□耳介前	□耳下腺	□顎下	<特記事項欄>
						□おとがい下	□後頭	□乳様突起	
	胸部アセスメント	35	胸郭・肋骨（左右対称・変形・圧痛等）	□所見なし	□所見あり→	□胸郭樽状（肺気腫疑い）	□漏斗胸	□その他（　　）	<特記事項欄>SPO₂など
						□胸郭拡張障害（吸気時）	□左右対称でない（視診触診）		
		36	呼吸	□所見なし	□所見あり→	□喘鳴	□呼吸困難（鼻翼呼吸・口すぼめ呼吸等）	□その他（　　）	
						□呼気時異常音（グーグー、ピーピー、クークー、ハリ、ブツブツ）			

酸素飽和濃度（SPO₂）など参考となる事項も記入

保健室退室時（保健室休養後）にも子供の状態を確認しておこう！

フィジカルアセスメント	退室時アセスメント	1	主訴	□頭痛	□腹痛	□鼻水	□咳	□気持ちが悪い	（部位）
				□のど痛	□下痢	□鼻づまり	□ぜんそく	□脳貧血	
				□全身痛	□胃痛	□寒気	□息苦しい	□	
				□嘔吐	□吐き気	□熱っぽい			
		2	バイタルサイン	体温	度	6	どのように（痛みの程度）		
		3		脈拍	／分				
		4		呼吸	／分	7	痛みスケール	低い 0　1　2　3　4　5 高い	
		5		血圧	／		退室時刻　　時　　分		

大沼久美子「自己実現を目指したヘルスアセスメントの進め方に関する研究（参考文献：ロイ適応看護論：医学書院）」をもとに三木改変
参考資料：「がん疼痛・症状緩和に関する多施設共同臨床研究会HP」、「FACES Pain Rating Scale(Wong-Baker)」

＊痛みスケールの記入について（痛みレベル）

フェイス0 痛みが全くなく、とても幸せである。	フェイス1 ちょっとだけ痛い。	フェイス2 軽度の痛みがあり、少し辛い。
フェイス3 中等度の痛みがあり、辛い。	フェイス4 かなりの痛みがあり、とても辛い。	フェイス5 耐えられないほどの強い痛みがある。

痛みスケールは、自分のことをうまく伝えられない子供にとって有効

★客観的指標を有効活用★
バイタルサイン、痛みスケールなどの数値で表される指標は子供の変化を把握できるため判断する際に活用することができる。近年は酸素飽和濃度（SPO₂）を測定するパルスオキシメーターなども用いられるようになっている。

「来室時ヘルスアセスメント」シート

（秘）　　記入者（　　　　　　　）

大分類	中分類	No.	項目	選択肢・記入欄						
		1		年　　　　組　　児童生徒氏名						
		2		月　　日　　曜日　　来室時刻　　時　　分　授業						
フィジカルアセスメント	来室時アセスメント	3	主訴	□頭痛　□腹痛　□鼻水　□咳　□気持ちが悪い（部位） □のど痛　□下痢　□鼻づまり　□ぜんそく　□脳貧血 □全身痛　□胃痛　□寒気　□息苦しい □嘔吐　□吐き気　□熱っぽい						
		4	いつから				8	体温	度	
		5	どこが（痛みの部位）		バイタルサイン		9	脈拍	／分	
		6	どのように（痛みの程度） 痛みスケール	低い　0　1　2　3　4　5　高い			10	呼吸	／分	
							11	血圧	／	
		7	打撲外傷等	□あり　□なし			12	アレルギー体質	□なし　□あり→	どんな：
	一般状態アセスメント	13	姿勢	□よい　□よくない　□動作がスムーズでない				<特記事項欄>		
		14	皮膚色・顔色	□よい　□普通　□よくない						
		15	四肢触感	□普通　□冷たい　□熱い　□冷や汗　□かさかさ　□その他：						
		16	毛髪・爪	□よい　□よくない　<特記事項欄>						
		17	体臭・口臭	□なし　□あり						
		18	表情	□よい　□よくない						
		19	しぐさ・話し方	□気にならない　□気になる						
		20	成長・発達	□気にならない　□気になる						
		21	衣服・容姿・持ち物	□気にならない　□気になる						
生活習慣（行動）アセスメント	生活習慣（行動）アセスメント	22	朝食	□食べた　□少し食べた　□食べない　→何を　　どのくらい　誰と？						
			給食	□食べた　□少し食べた　□食べない　→何を　　どのくらい　誰と？						
			前日食事	□食べた　□少し食べた　□食べない　→何を　　どのくらい　誰と？						
		23	排便	□出た：いつ…　性状…　□出ない　□便秘						
			月経	□順　□不順　□多い　□普通　□少ない　□月経痛あり						
		24	睡眠	□よく眠れた　□眠れない　睡眠時間→寝た時刻：　〜起きた時刻：　合計　　時間						
		25	行動	□落ち着き無し　□暴力的　□不穏						
部位別のフィジカルアセスメント	腹部アセスメント	26	腹部の張り	□なし　□あり　<特記事項欄>						
		27	腹部冷感	□なし　□あり						
		28	痛み・部位	□持続的　□変動（間歇的）　□部位は臍周辺　□一定しない　<特記事項欄>						
	頭部顔面頚部アセスメント	29	圧痛	□なし　□あり→　□頭蓋　□副鼻腔　<特記事項欄>						
		30	顔面の表情（神経系のバランス）	□所見なし　□所見あり→　具体的に：　<特記事項欄>						
	口腔咽頭アセスメント	31	口腔及び口腔内（舌及び口蓋含む）	□所見なし　□所見あり→　□口内炎　□その他（　　）						のどの様子
		32	歯及び歯肉	□所見なし　□所見あり→　□う歯　□歯肉炎・歯周疾患　□その他（　　）						
		33	咽頭・扁桃腫脹	□所見なし　□所見あり→　□扁桃肥大　□その他（　　）						
	リンパ節のアセスメント	34	腫脹	□所見なし　□所見あり→　□耳介前　□耳下腺　□顎下　<特記事項欄> □おとがい下　□後頭　□乳頭突起						
	胸部アセスメント	35	胸郭・肋骨（左右対称・変形・圧痛等）	□所見なし　□所見あり→　□胸郭樽状（肺気腫疑い）　□漏斗胸　□その他（　　） □胸郭拡張障害（吸気時）　□左右対称でない（視診触診）						<特記事項欄>SPO₂など
		36	呼吸	□所見なし　□所見あり→　□喘鳴　□呼吸困難（鼻翼呼吸・口すぼめ呼吸等）　□その他（　　） □呼気時異常音（グーグー、ピーピー、クークー、パリパリ、ブツブツ）						

心理的アセスメント	自分自身のアセスメント（自己概念等）	37	なぜ（痛く）なったと思う？	□ わからない	□ わかる→	具体的に：	
		38	どんなとき（痛く）なるかわかる？	□ わからない	□ わかる→	具体的に：	
		39	いつも（痛く）なるの？	□ ない	□ たまにある	□ よくある→	頻度等：
		40	自己意識（自分が好き？嫌い？）	□ プラス思考	□ マイナス思考	具体的に：	
		41	悩み事、いやなこと、心配ごとはあるか？	□ ない	□ わからない・応えられない・応えない	□ ある→	具体的に：
		42	運動の問題やその心配ごとなど	□ 特にない	□ 問題ある→	具体的に：	
		43	勉強の問題やその心配ごとなど	□ 特にない	□ 問題ある→	具体的に：	
		44	進路等の問題やその心配ごとなど	□ 特にない	□ 問題ある→	具体的に：	
社会的アセスメント	自分を取り巻くアセスメント（役割・相互依存）	45	クラスの状況の問題やその心配ごとなど	□ 特にない	□ 問題ある→	具体的に：	
		46	友人関係の問題やその心配事など	□ 特にない	□ 問題ある→	具体的に：	
		47	部活動問題やその心配事など	□ 特にない	□ 問題ある→	具体的に：	
		48	教師の問題やその心配事など	□ 特にない	□ 問題ある→	具体的に：	
		49	委員会・生徒会の問題やその心配事など	□ 特にない	□ 問題ある→	具体的に：	
		50	家族の問題やその心配事など	□ 特にない	□ 問題ある→	具体的に：	
		51	家庭内役割の問題やその心配事など	□ 特にない	□ 問題ある→	具体的に：	
		52	生活習慣の問題やその心配事など	□ 特にない	□ 問題ある→	具体的に：	
		53	余暇活動・休日の過ごし方の問題など	□ 特にない	□ 問題ある→	具体的に：	

→ 心因性と判断した根拠番号に〇

私が考える判断	

フィジカルアセスメント	退室時アセスメント	1	主訴	□ 頭痛	□ 腹痛	□ 鼻水	□ 咳	□ 気持ちが悪い	（部位）
				□ のど痛	□ 下痢	□ 鼻づまり	□ ぜんそく	□ 脳貧血	
				□ 全身痛	□ 胃痛	□ 寒気	□ 息苦しい	□	
				□ 嘔吐	□ 吐き気	□ 熱っぽい	□	□	
		2	バイタルサイン	体温	度	6	どのように（痛みの程度）		
		3		脈拍	／分	7	痛みスケール 低い 0 1 2 3 4 5 高い		
		4		呼吸	／分				
		5		血圧	／	退室時刻 　時　分			

大沼久美子「自己実現を目指したヘルスアセスメントの進め方に関する研究（参考文献：ロイ適応看護論：医学書院）」をもとに三木改変
参考資料：「がん疼痛・症状緩和に関する多施設共同臨床研究会HP」、「FACES Pain Rating Scale(Wong-Baker)」

＊痛みスケールの記入について（**痛みレベル**）

フェイス0 痛みが全くなく、とても幸せである。	フェイス1 ちょっとだけ痛い。	フェイス2 軽度の痛みがあり、少し辛い。
フェイス3 中等度の痛みがあり、辛い。	フェイス4 かなりの痛みがあり、とても辛い。	フェイス5 耐えられないほどの強い痛みがある。

養護教諭が行う「心理的・社会的アセスメント」

1. 作成した理由（作成したきっかけ）

　ヘルスアセスメントはフィジカルアセスメントと心理的・社会的アセスメント及び生活習慣アセスメントで構成される。この心理的・社会的アセスメントは、子供の心身の健康課題を明らかにすると共にその対応策を考える上で有効である。さらに、養護教諭が教育職員として子供を支援していく際には、子供のよさや可能性に目を向け、学級担任やスクールカウンセラー（SC）等と連携を図りながら、養護教諭として心身両面から子供を支援していくことが求められる。しかし養護教諭が子供を見立てる視点は明確ではなかったため本シートを作成することとした。

2. 本ワークシート（資料）の特徴と作成の根拠

- 養護教諭が日常的に実践している心理的・社会的な情報収集の内容を集積し、心理的・社会的アセスメント指標として「身体症状」「清潔」「生活習慣」「身近な人とのかかわり」「子供の可能性」を示した。
- 養護教諭が主体となって学級担任やスクールカウンセラー（SC）、スクールソーシャルワーカー（SSW）等の当該児童生徒をとりまく関係者と共に子供の状態を客観的に評価できる形式とした。これにより関係者の共通理解の機会ともなる。
- 学校保健安全法第8条（健康相談）及び第9条（保健指導）を実施するにあたり、客観的な評価に基づいた判断と根拠ある対応が必要である。
- 養護教諭の見立てをより確かなものとし客観性を持たせるため、ケース会議や学級担任との協議により各項目について、「全く問題ない」「あまり問題ない」「どちらともいえない」「やや問題」「かなり問題」にプロットし折れ線グラフで結ぶことにより全体像を把握することができる。

3. アクティブな活用場面及び活用の際の工夫・留意点

- 本シートは保健室に来室するすべての児童生徒に実施するものではない。子供の心身の健康状態に課題があると考えられる者に対して、まずは養護教諭が日々の子供との関わりを通じて記入する。
- 対応の根拠や経過記録にもなることから、個人カルテのように個人別ファイルに保管しておくとよい。保管にあたっては個人情報のため鍵のかかる場所に収納する。

4. アセスメントシートの記入にあたって

【小学校版】養護教諭が行う心理的・社会的アセスメントシート
記入にあたって

1 目的
　このシートは、頻繁に保健室に来室する子ども、継続支援が必要と思われる子ども、何だか気になる子どもの心理・社会的な情報を系統的に収集・把握することにより、子どもの問題の早期発見・早期対応・早期支援を行うことを目的に作成したものです。

2 方法
記入者：養護教諭の先生（複数の関係者で記入することも可能です）
記入方法
① 子ども本人からの情報、担任や他の教職員からの情報、保護者からの情報等から、総合的に判断し、「全く問題ない・あまり問題ない・どちらともいえない・やや問題・かなり問題」のいずれかに●をマークし、折れ線で結んでください。
② 各項目の判断は、養護教諭の先生方にお任せします。記入にあたって、問題かどうかわからない、情報を把握していないから何ともいえない、などの場合は「どちらともいえない」に印をつけてください。
③ 客観性を確保するために、このシートをもとに、学級担任の先生や学年の先生、学校医やスクールカウンセラー、スクールソーシャルワーカー等、生徒指導委員会や教育相談部会等の組織で共通理解のために活用したり、話し合いのきっかけに活用したりして、項目を判断していただいても結構です（必須ではありません）。
④ 具体的な情報で気になる情報があれば、特記事項に記載してください。
⑤ 本人からの情報と本人以外からの情報に相違点があれば、それらの内容も特記事項に記載してください。
（以下記入例参照）
⑥ ページ数は、全部で4ページです。
⑦ 最後に、対象とした子どもの学年、性別を記載してください。

3 倫理的配慮
　個人情報が含まれますので、取り扱いには十分留意し、使用後は鍵のかかる場所に保管、もしくは、シュレッダーにて破棄してください。

「身近な人との関わりアセスメント」の記入例

問題の程度・・・・・・・・・・・問題の程度
軽度　　　　　　　　　　　重度

↓該当項目に●印をつけ折れ線で結ぶ．具体的な情報があれば特記事項に記載する

身近な人との関わりアセスメント(25項目)	全く問題なし	あまり問題なし	どちらともいえない	やや問題	かなり問題	特記事項 (具体的な気になる事項，本人からの情報との相違点等)
休日・放課後・休み時間の過ごし方						
1 休日に出かけるときは誰と出かけるか	1	1	●	1	1	一人でいることが多い。目を合わせて友達と話さない。放課後は早く帰宅し家でゲームをしている。夕方から夜にかけてアルバイト(スーパーの商品陳列)に行く。小遣いが足りなくなると勝手に家族の財布から持ち出すこともある。校外に友人関係はない。
2 異性と自然に話せるか	1	1	●	1	1	
3 隣の席や班員構成は誰か	1	1	●	1	1	
4 放課後は何をしているか	1	1	1	●	1	
5 休み時間は何をしてるか	1	1	1	●	1	
6 お小遣いの使い道は何か	1	1	●	1	1	
7 校外の友人関係はあるか	●	1	1	1	1	
家族のこと						
1 家族は元気か	1	1	●	1	1	<u>生い立ちにおいて，小学校で「汚い」などいじめられた経験がある。</u> 家族の状況では、祖父母と同居しており母は祖父の介護をしている。
2 家族の帰宅時刻は遅いか	1	1	●	1	1	
3 家族間の問題(兄弟関係、役割の負担など)があるか	1	1	1	●	1	
4 家族と過ごす時間はあるか	1	1	●	1	1	
5 生いたちに課題があるか	1	1	1	1	●	
体の悩み						
1 体のこと(持病や月経等含む)について悩んでいるか	1	●	1	1	1	
2 発育や発達のことで悩んでいるか	1	1	●	1	1	
ストレス認知						
1 忙しいと感じているか	1	●	1	1	1	祖母が本人に対してマイナス発言をするため、本人はイライラすることが多い。 <u>高校では避けられていると感じていて、学校に行きたくないときがある。</u> ゲームにのめりこんでいるときはいやなことを忘れられる。そうすると朝起きられない。
2 むかついたり、イライラするのはどんな時か	1	1	●	1	1	
3 誰かにしてほしいことがあるか	1	1	1	●	1	
4 じっとしていられず、勝手に出歩いたりしていることがあるか	1	●	1	1	1	
5 今までつらかったこと、悲しかったことがあるか	1	1	1	●	1	
6 ストレス発散方法は何か	1	1	●	1	1	
7 朝、起きられないのは理由があるか	1	1	1	●	1	
ストレスと安心						
1 ホッとしたり安心したりするのはどんな時か	1	1	1	●	1	ゲームがうまくいっているときは安心する。クラスはどうでもいい。英語の単語が覚えられない。
2 クラスは楽しいか	1	1	1	●	1	
3 授業で何かあったか	1	●	1	1	1	
4 先輩や後輩との関係に問題はないか	1	●	1	1	1	

> 特に気になる事項については、下線を引くなどして記録する

> まずは、養護教諭自身が当該児童生徒とのかかわりで把握した情報をもとに、記入する。把握していない情報については、その後の子供との関わりにおいて可能な限り把握し記入する。その後、学級担任等と確認する。子供のよさや可能性、家族機能の強みや弱み、友人関係やクラスの中での立ち位置や役割等を総合的に考え、支援計画立案に活用したり、当面の支援方法を考えたりする際に活用する。1か月~3か月程度の期間をおいて再評価していくことで、支援の成果や課題を把握することが可能である。

【小学生版】養護教諭が行う心理的・社会的アセスメントシート

↓該当項目に●印をつけ折れ線で結ぶ．具体的な情報があれば特記事項に記載する

生活習慣アセスメント(26項目)	全く問題ない	あまり問題ない	どちらともいえない	やや問題	かなり問題	特記事項 (具体的な気になる事項，本人からの情報との相違点等)
家での食事						
1 朝食は誰と食べるか	1	1	1	1	1	
2 朝食の時間は決まっているか	1	1	1	1	1	
3 朝食の食欲はあるか	1	1	1	1	1	
4 朝食は誰が準備するか	1	1	1	1	1	
5 夕食は食べるか	1	1	1	1	1	
6 夕食は誰と食べるか	1	1	1	1	1	
7 夕食の食欲はあるか	1	1	1	1	1	
8 夕食は何を食べたか	1	1	1	1	1	
9 夕食を食べない理由があるか	1	1	1	1	1	
10 夕食は誰が準備するか	1	1	1	1	1	
11 夕食を食べる時間は決まっているか	1	1	1	1	1	
12 どんな間食・夜食をするか	1	1	1	1	1	
睡眠と朝食						
1 夜は決まった時刻に寝て、朝は大体決まった時刻に起きるか	1	1	1	1	1	
2 朝、すっきり起きられるか	1	1	1	1	1	
3 朝食は何を食べるか	1	1	1	1	1	
4 朝食を食べない理由は何か	1	1	1	1	1	
5 寝るのはいつも遅いか	1	1	1	1	1	
給食に及ぼす影響						
1 給食は食べるか	1	1	1	1	1	
2 給食は何を食べたか	1	1	1	1	1	
3 給食の食欲はあるか	1	1	1	1	1	
4 給食を食べない理由は何か	1	1	1	1	1	
5 給食は誰と食べたか	1	1	1	1	1	
6 給食の時間は好きか	1	1	1	1	1	
排泄に及ぼす影響						
1 排尿や排便をしたくなって頻繁にトイレに行くか	1	1	1	1	1	
2 学校では、排便や排尿をしたくなっても我慢してしまうか	1	1	1	1	1	
3 夜はすぐに寝られるか	1	1	1	1	1	

↓該当項目に●印をつけ折れ線で結ぶ．具体的な情報があれば特記事項に記載する

身近な人との関わりアセスメント(35項目)	全く問題ない	あまり問題ない	どちらともいえない	やや問題	かなり問題	特記事項（具体的な気になる事項，本人からの情報との相違点等）
家族や友達との生活							
1 休み時間は何をしてるか	1	1	1	1	1	
2 放課後は誰と遊んでいるか、何しているか	1	1	1	1	1	
3 休日は家族と出かけるか	1	1	1	1	1	
4 家族と過ごす時間はあるか	1	1	1	1	1	
5 隣の席や班員構成は誰か	1	1	1	1	1	
6 クラスは楽しいか	1	1	1	1	1	
7 家族の帰宅時刻は遅いか	1	1	1	1	1	
8 休日は友達と出かけるか	1	1	1	1	1	
9 家族間の問題(兄弟関係、役割の負担など)があるか	1	1	1	1	1	
10 勉強や学習について保護者に言われるのは嫌か	1	1	1	1	1	
悩みや問題							
1 体のこと(持病、月経など含む)で悩んでいるか	1	1	1	1	1	
2 生いたちに課題があるか	1	1	1	1	1	
3 帰宅時間は遅いか	1	1	1	1	1	
4 授業で何かあったか	1	1	1	1	1	
5 リストカット(体に傷をつけた)をしたことがあるか	1	1	1	1	1	
6 通学班や通学路の問題はあるか	1	1	1	1	1	
ストレス認識と対処							
1 忙しいと感じているか	1	1	1	1	1	
2 ストレス発散方法は何か	1	1	1	1	1	
3 お小遣いの使い道は何か	1	1	1	1	1	
4 じっとしていられず、勝手に出歩いたりしてしまうことがあるか	1	1	1	1	1	
5 むかついたり、イライラするのはどんな時か	1	1	1	1	1	
6 朝、起きられないのは理由があるか	1	1	1	1	1	
7 通学時間はどれくらいか	1	1	1	1	1	
8 頻繁に手を洗うほうか	1	1	1	1	1	
9 誰かにしてほしいことがあるか	1	1	1	1	1	
10 いつも安心できないか	1	1	1	1	1	
11 今までつらかったこと、悲しかったことがあるか	1	1	1	1	1	
12 喫煙飲酒の経験はあるか	1	1	1	1	1	
異性・交友関係と自己意識							
1 異性の友人関係(不特定・特定含む)に問題はないか	1	1	1	1	1	
2 先輩(年上の人)や後輩(年下の人)との関係に問題はないか	1	1	1	1	1	
3 異性と自然に話せるか	1	1	1	1	1	
4 休日は一人で出かけるか	1	1	1	1	1	
5 ピアスやカラーコンタクトなどをしているか	1	1	1	1	1	
6 昼食(お弁当)は持ってこられるか	1	1	1	1	1	
7 校外の友人関係はあるか	1	1	1	1	1	

健康相談・健康相談活動

↓該当項目に●印をつけ折れ線で結ぶ．具体的な情報があれば特記事項に記載する

子どもの可能性アセスメント(34項目)	全く問題ない	あまり問題ない	どちらともいえない	やや問題	かなり問題	特記事項 (具体的な気になる事項，本人からの情報との相違点等)
ポジティブ思考・いいことみつけ							
1 最近楽しみなことがあるか	1	1	1	1	1	
2 これまでに達成感を味わったことがあるか	1	1	1	1	1	
3 前向きな方か	1	1	1	1	1	
4 今までうれしかった事、楽しかった事、よかった事があるか	1	1	1	1	1	
5 他人と目を見て話すことができるか	1	1	1	1	1	
6 学校でやりたいこと、特に力を入れていることがあるか	1	1	1	1	1	
7 毎日学校に来たいか	1	1	1	1	1	
8 自分を受け入れてくれている人がいるか	1	1	1	1	1	
9 学校生活は楽しいし充実しているか	1	1	1	1	1	
10 人に自慢できるような得意なこと、長所や自信をもっていることがあるか	1	1	1	1	1	
11 ひとりで遊ぶことが好きか	1	1	1	1	1	
運動・ゲーム・勉強・趣味							
1 体育や外遊びは好きか	1	1	1	1	1	
2 家にいる時はゲームや本を読むなど家の中で遊ぶことが好きか	1	1	1	1	1	
3 夜、寝る前にゲームやメールなどをしているか	1	1	1	1	1	
4 得意な教科があるか	1	1	1	1	1	
5 ゲームは1日どれくらいやるか	1	1	1	1	1	
6 勉強は好きか	1	1	1	1	1	
7 塾に行っているか	1	1	1	1	1	
8 手先が器用か	1	1	1	1	1	
9 勉強や学習について困っていることがあるか	1	1	1	1	1	
携帯・PC・スマホなどの使用							
1 携帯電話やスマホ、パソコンでインターネットやゲームをよくするか	1	1	1	1	1	
2 携帯電話やスマホをいつも持っていないと不安か	1	1	1	1	1	
3 携帯電話やスマホを持っているか	1	1	1	1	1	
4 メールやLINEなどはすぐに返信したり返信がこないと気になるか	1	1	1	1	1	
進路や将来の希望・展望							
1 自分のしたいことができないなどのギャップを感じているか	1	1	1	1	1	
2 得意なことを生かして人のために役に立ちたいと考えているか	1	1	1	1	1	
3 将来、つきたい職業や夢、目標があるか	1	1	1	1	1	
4 挑戦したいことがあるか	1	1	1	1	1	

↓該当項目に●印をつけ折れ線で結ぶ．具体的な情報があれば特記事項に記載する

子どもの可能性アセスメント	全く問題ない	あまり問題ない	どちらともいえない	やや問題	かなり問題	特記事項 (具体的な気になる事項，本人からの情報との相違点等)
クラブ活動や児童会活動							
1 委員会や児童会活動、係活動に負担や問題はないか	1	1	1	1	1	
2 委員会や児童会活動、係活動は楽しいか	1	1	1	1	1	
対人・承認意識							
1 人からどう思われているか気になるか	1	1	1	1	1	
2 他人の目や行動、言動が気になるか	1	1	1	1	1	
3 私を認めてくれている人がいるか	1	1	1	1	1	
4 人と話すのは好きか	1	1	1	1	1	

↓該当項目に●印をつけ折れ線で結ぶ．具体的な情報があれば特記事項に記載する

身体症状アセスメント(5項目)	全く問題ない	あまり問題ない	どちらともいえない	やや問題	かなり問題	特記事項 (具体的な気になる事項，本人からの情報との相違点等)
1 夜遅く寝るのは理由があるか	1	1	1	1	1	
2 なぜこのような症状になったのか	1	1	1	1	1	
3 どのようにすればこの症状が良くなるか	1	1	1	1	1	
4 嫌なことがあるか	1	1	1	1	1	
5 疲れているか	1	1	1	1	1	

↓該当項目に●印をつけ折れ線で結ぶ．具体的な情報があれば特記事項に記載する

清潔アセスメント(4項目)	全く問題ない	あまり問題ない	どちらともいえない	やや問題	かなり問題	特記事項 (具体的な気になる事項，本人からの情報との相違点等)
1 お風呂には毎日入るか	1	1	1	1	1	
2 毎日、歯みがきをしているか	1	1	1	1	1	
3 汗をかいたり汚れた時は着替えたりきれいにできるか	1	1	1	1	1	
4 数日間、同じ服を着ていても気にならないか	1	1	1	1	1	

アセスメントの対象

学年（　　　）年，性別（　男　・　女　）

所要時間　　　　　分

これで終わりです。

健康相談・健康相談活動

保健室登校　記録カード

1．作成した理由（作成したきっかけ）

　保健室登校をしている子供の日々の記録用紙は特に決まった様式はない。一般的にはその日の子供の行動、言語などの様子を文章で記録しておくことが多い。この記録はその子の言動、会話、仕草、連携などの詳細を把握することが可能である。しかし、「保健室登校」の子供の支援は養護教諭のみならず学級担任はじめ多くの関係者の理解と協力が必要である。
　そこで、「ひと目でその子の変化がわかる一覧表」があるとその子の経過や課題をチームで共有できることから本資料を作成した。

2．本ワークシート（資料）の特徴と作成の根拠

- 1ヶ月単位で保健室登校している子供の変化が概観できる。
- 朝の登校時から下校まで学校生活全般を網羅した記録により、1日の生活のどの場面で課題があるのかが把握できる。
- 記述式ではなく該当事項に○をつけるので短時間で記録できる。
- 関係職員や専門家等と連携する際の客観的な説明資料として活用できる。
- 週ごとに養護教諭のコメントを具体的に記述することでより深く理解することができる。

3．アクティブな活用場面及び活用の際の工夫・留意点

- 事例検討などの際は、個人の詳細の記録と客観的な変化を把握することで対象の子供をより把握することができるので、個人の状況記録と本資料とを両方準備するように配慮する。
- 時々対象の保護者とこの表を共に見ながら変化の様子を話し合うとより理解が深まるが、プライバシーの保護に十分留意する。

4．資料活用のポイント

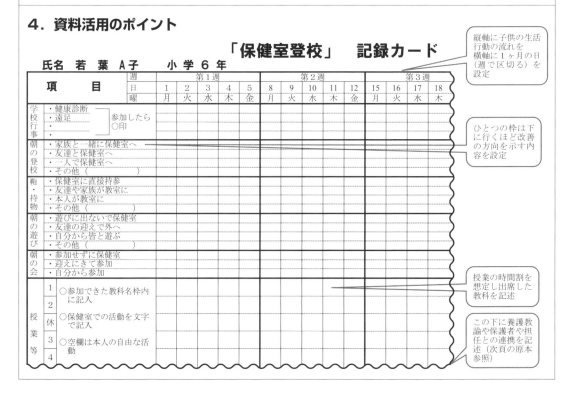

「保健室登校」 記録カード

氏名　若葉Ａ子　　小学　6　年　　　　　　　　　　　　　　　　　　　平成○○年○○月

項目			週	第1週					第2週					第3週					第4週					第5週			
			日	1	2	3	4	5	8	9	10	11	12	15	16	17	18	19	22	23	24	25	26	29	30	31	
			曜	月	火	水	木	金	月	火	水	木	金	月	火	水	木	金	月	火	水	木	金	月	火	水	
学校行事	・健康診断 ・遠足 ＿＿＿ 参加したら○印																										
朝の登校	・家族と一緒に保健室へ ・友達と保健室へ ・一人で保健室へ ・その他（　　　）																										
鞄・持物	・保健室に直接持参 ・友達や家族が教室に ・本人が教室に ・その他（　　　）																										
朝の遊び	・遊びに出ないで保健室 ・友達の迎えで外へ ・自分から皆と遊ぶ ・その他（　　　）																										
朝の会	・参加せずに保健室 ・迎えにきて参加 ・自分から参加																										
授業等の教育活動		1 2 休 3 4	○参加できた教科名枠内に記入 ○保健室での活動を文字で記入 ○空欄は本人の自由な活動																								
	給食		・準備に参加できた ・保健室で食べた ・教室で食べた ・後片づけに参加した																								
	昼休み	掃除 遊び	・しない ・保健室の掃除 ・本来の分担参加 ・出ない ・友達に誘われて ・自分から遊ぶ																								
		5 6	○1～4時間と同じように記入																								
帰の会	・参加せず ・友達に誘われて参加 ・主体的に参加																										
放課後	下校		・家族が迎えに来る ・一人で帰る ・友達と帰る ・部活に参加																								
養護教諭の観察と対応	心身の観察	バイタルサイン	・体温 ・脈 ・呼吸 ・血圧 ・体重 ・身長																								
			・腹痛、頭痛、気分不良 ・顔色・下痢や便秘・胃痛 ・表情・皮膚の状況・口渇 ・泣く・睡眠・食欲・月経																								
			・気になる行動や会話等 ・心理検査結果（専門家による） ・活用した遊技 ・ベッドでの休養 ・活用したリネン類など																								
連携			・校長学級・HR・教科担任等との打ち合わせ																								
			・専門家・専門機関等からの助言や情報交換																								
	保護者との話し合い		・健康の様子 ・家での行動 ・連絡の内容																								
○養護教諭の感想や課題・評価等																											

＜カード活用の視点＞
○保健室における教育活動の一環として、「保健室登校」の経過を客観的に把握
○養護教諭の執務と保健室登校の児童生徒への対応との関連と調整
○学校における対応方針や対応状況の評価や課題を全職員が共有するための資料
○養護教諭自身の対応の評価と反省の資料
○専門家や専門機関からの助言を受けるときの資料

＜記入上の留意点＞
○学校行事、朝の登校、鞄・持ち物、朝の遊び、朝の会、給食、昼休み、放課後については該当の所に○を記入
○その他は、数字や文字で記入
○本人の状況や学校の実態により項目などを工夫

（2005　三木とみ子作成）

健康相談・健康相談活動

「睡眠カレンダー」による睡眠の実態の「見える化」

1．作成した理由（作成したきっかけ）

　子供の睡眠時間は個人差があり、リズムがある。ストレスによる緊張や不安がある時には、なかなか眠れず、夜中に目が覚めたりする。また近年のスマホ等の影響もあり、子供たちの睡眠時間は減っており質の良い睡眠が得られない現状もある。心身の不調やうつ状態では、朝が起きにくかったり睡眠時間が長くなったりする。いじめなどの問題や学業不振などで学校に行きたくなくなると、朝が起きづらくなる。不登校やひきこもりで一日中家にいると、夜更かしと朝寝坊を繰り返すうちに昼夜逆転したリズムになる。また夜、寝ているのに昼間の眠気が強い場合には、睡眠の病気のこともある。このように心の健康管理に「睡眠」は欠かすことができないことから睡眠の実態を「見える化」するために作成することとした。

2．本ワークシート（資料）の特徴と作成の根拠

- 1ヶ月間の睡眠時間が分かるように工夫した。
- この資料の活用により、個別の問題を早期に発見し、早期対応を図ることができる。

3．アクティブな活用場面及び活用の際の工夫・留意点

- 健康相談により「睡眠」や「心の健康」に課題がある児童生徒に対し、睡眠と心の健康の関連について個別の保健指導を実施した上で、睡眠カレンダーをつけることを提案する。
- 養護教諭と毎日確認しながら、まずは1週間記録するように提案する。その後、保健室で確認をしながら1ヶ月は記録するようにする（不登校の場合は学級担任と連携して家庭訪問するなどして確認できるとよい）。
- 心療内科医や精神科医を受診する際には、睡眠カレンダーを持参すると診断や治療の助けになるので持参するように指導する。
- 国立研究開発法人国立精神神経医療研究センター睡眠障害センターの睡眠日誌を参考にしている。

4．睡眠カレンダーの記入を勧める11の視点

　次のような症状がみられる場合は、睡眠カレンダーをつけることを勧めてみましょう。

① 夜間睡眠中に何度も目を覚ます（乳幼児を含めて）
② 強く「いびき」をかく
③ 日中不機嫌でイライラしている
④ よく泣く
⑤ 学校（保育所や幼稚園を含む）に行きたがらない
⑥ 頭痛や腹痛が多い
⑦ 一日中、眠気を訴える
⑧ 朝起きて学校に行くまでにぐずぐずと時間がかかる（行き渋り）
⑨ 土曜・日曜日・休日はお昼まで寝ている
⑩ 成績や部活動の伸びが止まってしまった、あるいは急激に伸びた（頑張っている）
⑪ 朝起きることができず学校に行けなくなった

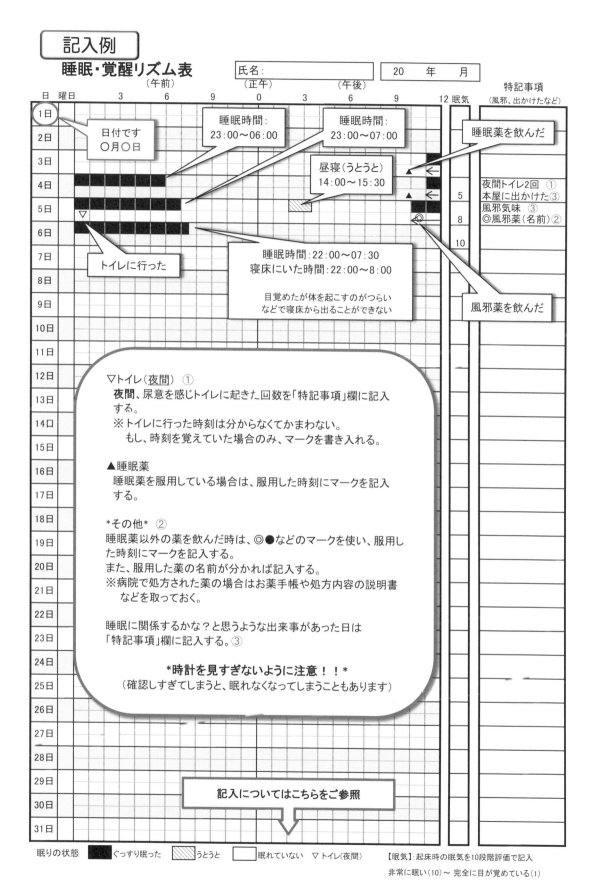

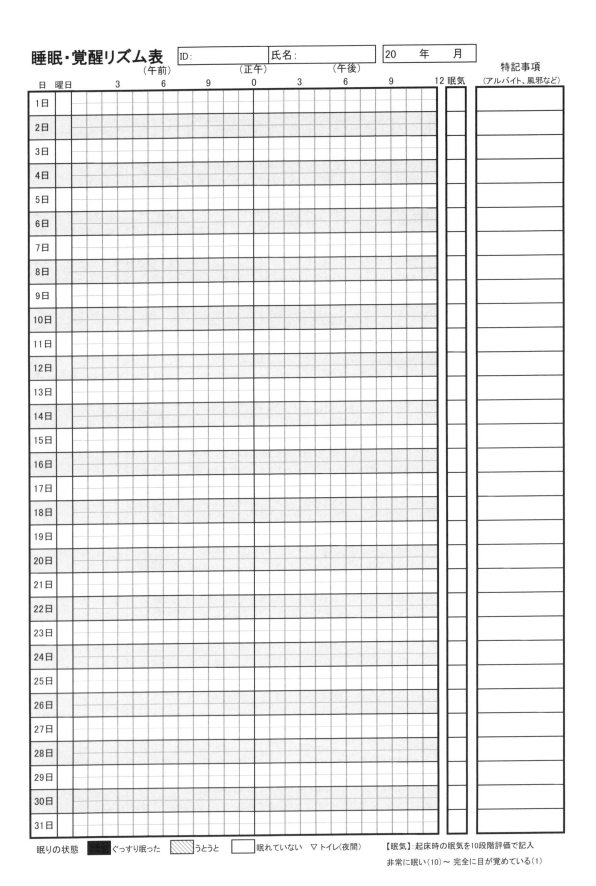

食物アレルギー相談シート
（保護者との面談・相談から連携が始まる）

1．作成した理由（作成したきっかけ）

　近年、児童生徒の食物アレルギーの有病率の増加に伴い、社会の食物アレルギーへの関心が高まっている。さらに、学校給食での誤飲によるアレルギー事故により、食物アレルギー対応の重要性が認識されている。

　アレルギー疾患のあるすべての児童生徒が安心して安全に学校生活を送ることができる環境づくりをするためには、学校と保護者が正しい知識に基づいた情報共有と意思の疎通が必要である。個々の児童生徒の症状等の特徴を正しく把握する手段として、「学校生活管理指導表（アレルギー疾患用）」の提出が求められる。しかしながら、学校生活管理指導表では把握しきれないアレルギーの経過や家庭での様子を把握するためには、個人面談が欠かせない。そこで、個人面談時に活用する食物アレルギー相談シートを作成した。

2．本ワークシート（資料）の特徴と作成の根拠

- 診断名と重症度の確認をする……学校生活管理指導表とその診断根拠を確認することができる。過去の具体的なアレルギー症状の把握と児童生徒の重症度を理解することができる。
- 家庭の食事内容を把握する……保護者の不安や、児童生徒の味の嗜好と、食物アレルギーを区別することができる。
- 保護者の希望を聞き取る……保護者の希望を聞きつつも、学校給食での対応は、医師の診断が前提であることの確認に結びつけられる。
- 学校側の対応における理解を求める……学校給食の基本的な考え方や、給食の共有体制を説明して理解を求める。これによって学校給食の安全性の維持ができる。
- 緊急時の対応……万が一、食物アレルギー症状が出た際に、学校側の対応や薬を使用するタイミング、保護者への連絡方法、緊急時の医療機関への受診方法等が教職員間で情報共有できる。
- 食物アレルギー対応委員会への資料として活用できる。

3．アクティブな活用場面及び活用の際の工夫・留意点

- 相談シートを使用した個別面談で把握した情報（アレルギー症状や原因食品・保護者の希望）をもとに、学校側の事情等を踏まえて食物アレルギー対応委員会で協議をする。
- 高校生の場合は、保護者が「自己責任で」と本人任せにする可能性もある。「自分が食べない」方法（自己除去対応）をとる場合でも、初発事例や食物依存性運動誘発アナフィラキシーに至るケースも少なくないため、学校側が生徒のアレルギーについて把握する必要がある。
- 相談シートをもとにスムーズに緊急時の対応がとれるよう、校内の救急体制を整備する必要がある。
- 「食物アレルギー個別面談シート」「緊急対応票」等、様々な形式があるが、学校の状況に応じて改変し、校内対策委員会等で活用する。

＜参考文献＞
○小俣貴嗣、他監著：学校現場の食物アレルギー対応マニュアル、少年写真新聞社、2014年2月
○独立行政法人環境再生保全機構：ぜんそくのためのよくわかる食物アレルギー対応ブック、東京法規出版、2014年6月
○文部科学省監修：学校のアレルギー疾患に対する取り組みガイドライン、日本学校保健会、2008年3月
○さいたま市教育委員会：学校給食における食物アレルギー対応の手引き【改訂版】、2014年3月

|秘| 　　　　　食物アレルギー個人面談相談シート（表）

　　　　年　　組　　　　　　　　　　　　　　　面談日　　　年　　月　　日
　　　　　　　　　　　　　　　　　　　　　　　記録者　　　年　　月　　日
担任：_____　　　　　　　　　　　　面談担当者_____

写真貼付	児童生徒氏名		ふりがな	
	性別	男・女	生年月日	年　月　日
	保護者氏名		緊急連絡先①（続柄等）	
	保護者住所		緊急連絡先②（続柄等）	

1 原因食品と具体的な症状	原因食品と具体的な症状			
2 これまでの経緯	どれだけ食べてどのような症状が出たか		食べてからの症状発現までの時間	
3 診断根拠	診断根拠	①明らかな症状の既往　　　　年　月	②食物負荷試験陽性　　　　年　月	③IgE抗体等検査陽性　　　年　月
4 家庭での食事・おやつ・外食の対応方法				
5 アナフィラキシー発症の有無	あり・なし	原因		
6 管理状況	内服薬　あり・なし	内服薬名と保管場所		
	エピペン®　あり・なし	保管場所		
7 最後に症状が誘発された時期				
8 主治医	医療機関名			
	主治医名			
	ID（カルテ）番号			
	住所・電話番号			
9 緊急対応時の受診先	医療機関名			
	主治医名			
	ID（カルテ）番号			
	住所・電話番号			
	指示内容			

|秘| 食物アレルギー個人面談相談シート（裏）

10 学校生活で、どのような配慮を希望しますか	給食	食器・食材を扱う授業	運動（体育・部活動）	宿泊を伴う校内行事	遠足・校外学習	クラブ・委員会活動	他の子供たちへの指導

【学校給食における対応決定事項】

	決定日（　年　月　日）	変更日（　年　月　日）	変更日（　年　月　日）
献立表対応・除去食等			
除去食対応			
給食停止			
その他			

【学校対応表】アレルギーを発症した場合などに記録する

	年　月　日	年　月　日	年　月　日
症状			
原因食物			
経過・処置・治療			
その他			

【特記事項】

No.7

健康相談・健康相談活動 事例記録用紙

1．作成した理由（作成したきっかけ）

　健康相談・健康相談活動の事例研究（検討）は、事例を理解し、よりよい対応方針を立案するためにも大変重要である。そのために欠かせないのが事例を紹介するための記録である。記録用紙の形式は特に決まっているわけではない。特に健康相談・健康相談活動の実践は「心」と「体」の両面に関わること、「養護教諭の職の特質や保健室の機能」や「関係者との連携」を活かすこと、さらに、「カウンセリングの機能」を活かすことである。そこで、記録用紙はこれらを踏まえ、気づきから対応までを詳細に記録できる形式が必要であると考え、書きやすい記録用紙を作成した。

2．本ワークシート（資料）の特徴と作成の根拠

- 養護教諭の職の特質や保健室来室の様子などを常に念頭において記述できる。
- 事例の概要が具体的しかも端的に記述できる。
- 対応については養護教諭及び専門家との対応の連携がわかるように並列的に記録できるようにした。
- 保護者への対応を別枠に設けた。
- 最後に事例全体のまとめと評価の欄及び今後の見通しなどを記録できるようにした。

3．アクティブな活用場面及び活用の際の工夫・留意点

- 事例のタイトルと要旨を端的にし事例のイメージをできるようにする。
- 本人の状態の欄に心身のアセスメントの様子を記録する欄を作るなど工夫する。
- クラスの様子と共に保健室来室の様子なども記述する。
- 必要に応じて「心身のヘルスアセスメント記録」等の別資料と併用する。
- また、保健調査や健康診断表、来室記録用紙なども活用することを考慮する。

4．その他

1．事例の概要

【学校種】	【学年】	【性別】	【名前】	【部活動等】
事例の要旨				
支援のきっかけ				

※事例は簡単に要旨を記述し端的にイメージできるように記述する。

2．本人の状態（心と体の健康観察）

既往歴		
特記すべき成育歴	小学校	
	中学校	
学校での様子（ヘルスアセスメント）	保健室来室状況	
	身体的症状	
	バイタルサイン	体温　脈拍　呼吸
	身長・体重（体型）等	体型（身長　体重　肥満度　）
	生活習慣	食欲　食事摂取の有無
		睡眠　排便
	行動・態度・表情・言動等	
	欠席・遅刻・早退等	
	人間関係の状況（心配事、悩み、友人関係等）	
家庭の状況		
学校医・主治医・専門家・SCなどの所見		

※特に記述すべき事項があればここに記入

※ここに心身の健康観察（フィジカルアセスメント、心理社会アセスメント、生活習慣の様子）さらに身長、体重等の体型などを記述する。

3．この問題に対する本人・保護者・担任等の認識

本　人	
保護者	
担任等	

※この後に背景の分析、この事例への養護教諭の職の特質などを活かした対応（本人・保護者）の評価を記述する。

健康相談・健康相談活動　実践事例記録

タイトル ☐

１．事例の概要

【学校種】	【学年】	【性別】	【名前】	【部活動等】
事例の要旨				
支援のきっかけ				

２．本人の状態（心と体の健康観察）

既往歴		
特記すべき成育歴	小学校	
	中学校	
学校での様子(ヘルスアセスメント)	保健室来室状況	
	身体的症状	
	バイタルサイン 身長・体重（体型）等	体温　　脈拍　　呼吸 体型（身長　　体重　　肥満度　　　）
	生活習慣	食欲　　　　食事摂取の有無 睡眠　　　　排便
	行動・態度・表情・言動等	
	欠席・遅刻・早退等	
	人間関係の状況（心配事、悩み、友人関係等）	
家庭の状況		
学校医・主治医・専門家・SCなどの所見		

３．この問題に対する本人・保護者・担任等の認識

本　人	
保護者	
担任等	

４．背景要因の分析

問題の背景や要因として考えられること及びその根拠	
前駆症状	

6－健康相談・健康相談活動

5．対応

	養護教諭（職の特質や保健室の機能性を活かして）	担任・専門家（SC・SSW）等との連携
本人に対して		

6．保護者との連携

7．取り組みの評価（反省・課題）の今後の見通し等

保健教育

1 保健指導

No.1

「活動実施案」の活用による保健指導

1．作成した理由（作成したきっかけ）

　保健学習や特別活動における学級活動などの集団指導の授業は「学習指導案」を作成し、実施するのが一般的である。しかし、個別の保健指導や学校行事、宿泊時や集会活動、保護者会、朝の会等での保健指導の実践においては、そのねらい、対象、指導内容、指導上の留意事項等については、メモ的な記録にとどまっている場合が多い。そこで、授業における「学習指導案」に匹敵するような提案資料が必要であるという声に応えて「活動実施案」を作成した。

2．本ワークシート（資料）の特徴と作成の根拠

- 養護教諭の活動の目的や内容を学校全体に提案したり共有できる。
- 養護教諭の実践に価値を持たせることができる。
- 学校保健安全法第9条（保健指導）を具現化できる。
- 学校保健安全法第9条に示されている当該児童生徒には「指導」、保護者には「助言」をすることが記録により明確化できる。
- 健康相談はじめ他の取組みへの広がりを意図的に活用できる。

3．アクティブな活用場面及び活用の際の工夫・留意点

- 作成時点では感想や取組みのネットワークの記述はできないので、活動実践が終了した後に記録する。
- ねらいは可能な限り「できる」、「わかる」等の理解目標、行動目標にし、評価につながるようにする。
- 活動内容は具体的に記述する。
- 連携の対象は必要に応じてその対象の職種を追加する。

4．資料活用のポイント

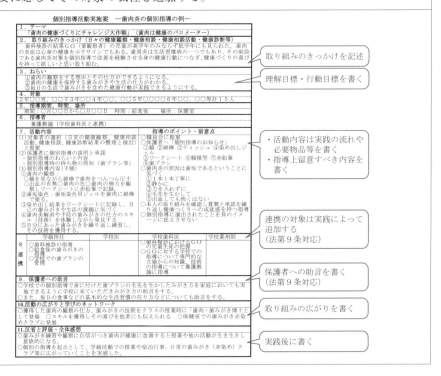

84　保健教育

活 動 実 施 案　　指導日（　　　　　　　）指導者（　　　　　　　）

該当活動の番号に〇をつける
1．個別指導　2．集会活動　3．宿泊行事　4．発育（体重）測定　5．健康観察 6．朝や帰りの会　7．保護者会の活用　8．その他（　　　　　　　　　　）

1. テーマ

2. 取り組みのきっかけ（子どもの実態含む）

3. ねらい

4. 対象

5. 指導期間、時間、場所

6. 指導者

7. 活動内容	指導のポイント・留意点

8.	学級担任	学校医	学校歯科医	学校薬剤師	その他（　　　）
連携					

9. 保護者への助言

10. 活動の広がりと学びのネットワーク

11. 反省と評価・全体感想

保健指導

1－保健指導

個別指導の手順（学校保健安全法第 9 条対応）
―対象者の把握から指導の実施と評価―

1．作成した理由（作成したきっかけ）

　平成 21 年、50 年ぶりに改正した学校保健安全法第 9 条に養護教諭が中心となる保健指導が規定された。その主な内容は、○日常の健康観察等で問題の発見、○その当該児童生徒に遅滞なく指導、○その保護者に助言することが求められた。すなわちこの法律は個別の指導であり、特別活動で行う集団の保健指導とは指導までの手順が違う。そこで学校保健安全法第 9 条の規定や文部科学省局長通知を踏まえた個別指導の手順を作成する必要があると考え本資料を作成した。

2．本ワークシート（資料）の特徴と作成の根拠

・問題の発見から、指導、評価までの流れを一目でわかるようにした。
・養護教諭を中心に他の教職員との連携が円滑にできるように例示した。
・指導の流れに「活動実施案」を取り入れ、他の活動と連携ができる。
・関係職員や専門家等と連携する際の客観的な説明資料として活用できる。
・学校保健安全法第 9 条に関する指導の際は、この手順を活用することで円滑な実践ができる。

3．アクティブな活用場面及び活用の際の工夫・留意点

・この指導で何をねらうのかを明確にする。その際「数値目標」などを設定すると目標が明確になり、さらに評価の観点にもなる。
・学校保健安全法第 9 条の規定に対応しているかを確認する。
・手順 3 の「活動実施案」を職員会に提案し各担任などの協力を得る。
・評価は手順 1 から 7 までを振り返って評価し、成果と課題をつなぐ。

4．資料活用のポイント

手順	内容	ポイント
手順 1	個別指導のねらいの設定と対象者の把握	健康観察や健康診断、健康相談等の機会を活用
手順 2	○対象者の問題の背景、要因等の把握と分析	問題の分析などの際は様々な文献や統計データなどを参考に分析
手順 3	○指導方針の策定と個別指導「活動実施案」作成	「活動実施案」（P85 参照）を作成
手順 4	職員会等に提案	提案の際は「活動実施案」を提案する
手順 5	保護者への連絡と同意の確認	保護者の協力は個別指導の効果をあげるために欠かせない。インフォームドコンセントの観点から必ず徹底する
手順 6	個別指導の実施 ○学級担任、学校医、学校歯科医、学校薬剤師等との連携 ○保護者への助言	実施の際はクラス担任、学校医、学校歯科医、学校薬剤師等関係者との連携は不可欠である。さらに保護者への助言も法第 9 条に規定されている
手順 7	個別指導の評価と課題	設定した個別指導のねらいをもとにその達成度を把握し評価と反省、課題について検討する

学校安全法第9条対応　【個別指導の手順　対象者の把握から指導の実施と評価】

過程	内　　容	留意点
手順 1 個別指導対象者の把握	①個別指導対象者の把握として次の方法がある。 ○定期健康診断の結果　○日常の健康観察の結果　○本人や保護者からの情報 これらについて養護教諭、学校医及び学級担任等との情報交換により対象者の児童生徒の健康実態を把握する。 ②個別指導の対象者を把握する仕方を考慮する。学校医や学校歯科医等の助言も頂きながら対象者を選択する。	○養護教諭 （健康診断の結果及び保健調査の結果の資料） ○学級担任（日常生活の情報）
手順 2 ○対象者の問題の背景、要因等の把握と分析	①対象となった児童生徒の課題について、「症状」「原因や要因」「療法（特に学校で可能な対応）」確実な知識理解 ②対象児童生徒の症状や問題の程度の理解 ③対象の児童生徒の抱える問題の背景要因などについて検討する。 ④授業（集団の保健学習や保健指導）内容を周知し、個別指導との関連を図る。 ⑤個別指導の実施活動計画を設定する。	○教務主任 （日程の調整）
手順 3 ○指導方針の策定と個別指導活動実施案の作成	個別指導活動実施案（項目例） 1　ねらい 　個別指導対象者に対して、保健指導を行い、健康な生活行動を取ることができるように支援する。 2　対象児童生徒：各学年の対象者の氏名と肥満の程度を記述 3　個別指導の日程：○月○日（曜日）PM 3時　○年○組　○井○子 4　会場：保健室 5　指導者：養護教諭　関係者の協力 6　指導内容 　○対象者に課題の状況を説明し、自らの問題として捉えることができるようにする。 7　留意事項 　○保護者も一緒に指導を受けるようにして協力してもらう。 　○学校医、学級担任との連携を図る。 8　取り組みと学びのネットワーク	
手順 4 職員会等に提案	上記の活動実施案を職員会議などに提案し理解と協力を得るように周知する。 〈提案の際の留意事項〉 ①養護教諭、学校医、学校歯科医、学校薬剤師、学級担任等の関係者は提案の段階から綿密な打ち合わせをする。 ②学校行事等を考慮してタイムリーな時期を選んで提案する。	○関係職員との十分な打ち合わせ
手順 5 保護者への連絡と同意の確認	保護者の理解を得るために「お知らせの用紙」を作成 ①お知らせ用紙の内容 　○個別指導のねらい　○指導日・場所　○指導者　○指導内容 ②保護者とのインフォームドコンセントの確立 　お知らせ用紙を配布する際に、インフォームドコンセントを重要視し保護者の同意をいただくようにする。保護者の中には、十分に理解できずに個別指導をいやがる場合もある。このような場合は無理をせず、じっくり話し合って理解を得てから開始すべきである。	○保護者の理解と協力 ○具体的指導実施細案の作成 ○指導教材の作成 ○学校医・学校歯科医・学校薬剤師 ○養護教諭 ○学級担任
手順 6 個別指導の実施	〈具体的指導内容〉　準備するもの ○これからの生活の目標を立てる。 ○目標達成のために誰がどのような指導体制を組むかを考える。 ○校内外の協力体制を組めるように、担任教諭、学校医等関係者に働きかける。	
★保護者への助言	児童生徒への個別指導の内容を保護者に伝え家庭における実践の在り方などについて説明・助言をする。	
手順 7 個別指導の評価と課題	個別指導の評価は指導過程全体（手順1～手順7まで）を総合的に評価する。 （評価とは、ねらったことが達成したかどうかについてその達成度をみるものである。） 評価項目の例 ○対象者の把握の仕方がよかったか ○「個別指導」知識や指導方法、関係者の連携の在り方等について専門職としての指導の方針が適切であったか ○個別指導の実施計画が適切であったか ○職員への提案と協力体制がよかったか ○児童生徒の健康行動が変わったか（具体的に項目を設定する） ○保護者の意識や行動が変わったか（助言が伝わったか） ○指導に使った資料が適切であったか ○評価項目がよかったか ○学校医、学校歯科医、学校薬剤師等との連携は適切であったんか	○養護教諭、栄養教諭、学校栄養職員自身及び関係職員からの客観的な評価

活動実施案作成の重要性

　保健学習の教科や特別活動での学級活動における集団指導の授業の際は、学習指導案を作成して効果的な授業展開を図ることはすでに周知されている。しかし、個別指導や学校行事、集会活動等の活動の場合はそのねらい、方法、内容などを共通理解するための資料は明確化されていない。そこで、ここでは、歯肉炎（GO）の個別指導の場合を例に「個別指導活動実施案」を作成した。これを、各活動実施の際の職員会に提案し全職員が共通理解する重要な資料とする。すなわち、これは集団指導の場合の学習指導案に匹敵するものといえよう。

　活動実施案は個別の保健指導のみならず、日常における保健指導、集会活動や保健行事、宿泊行事などにおける保健指導においても作成される。（活動実施案のワークシートはP85に掲載）

保健指導

1－保健指導

歯科保健指導の工夫
～アクティブに自分の歯と向き合う授業づくり～

1．作成した理由（作成したきっかけ）

先の中央教育審議会教育課程企画特別部会より、授業におけるアクティブ・ラーニング（能動的学習）の指導法が提示された。これを踏まえた場合、養護教諭の授業について次のような課題がある。

①限られた時間の中で、内容が盛り沢山になってしまう。
②養護教諭の話が多く子供の発言の機会が少なくなり、教師主導型の授業になりがちである。
③養護教諭の専門性が活かしきれない。

そこで、健康教育、養護教諭の実施する授業の中でアクティブ・ラーニングの視点をどのように取り入れていくか、小学校高学年の「歯肉」の学習に焦点をあてて実践した。

2．本ワークシート（資料）の特徴と作成の根拠

アクティブ・ラーニングは、「課題の発見と解決に向けて主体的・協働的に学ぶ学習」であり、「知っていること、できることをどう使うか」などの資質・能力を育むための具体的な改善の方策の一つとされている。本授業は、「課題の発見」「課題解決の方法（自ら行動）」「実践化（行動変容）」といったプロセスで学習を進めることを意識した展開となっている。

3．アクティブな活用場面及び活用の際の工夫・留意点

教育課程企画特別部会「論点整理」において、アクティブ・ラーニングの視点から授業改善の3つが示されている。

(1) 習得・活用・探究という学習プロセスの中で、問題発見・解決を念頭に置いた、深い学びの過程が実現できているかどうか。（「プロセス」）
(2) 他者との協働や外界との相互作用を通じて、自らの考えを広め深める。対話的な学びの過程が実現できているかどうか。（「インタラクション（相互作用）」）
(3) 子供たちが見通しをもって粘り強く取り組み、自らの学習活動を振り返って次につなげる、主体的な学びの過程が実現できているかどうか。（「リフレクション（振り返り）」）

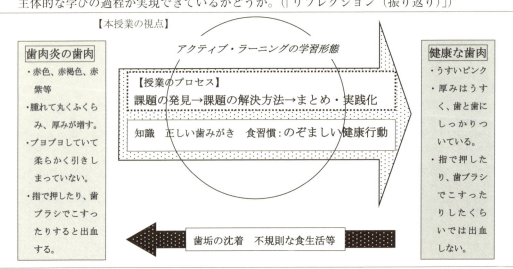

＜参考文献＞ ○田村学：授業を磨く、東洋館出版、2015年4月

第6学年　学級活動（保健指導）指導案（45分）

指導者　T1　養護教諭　〇〇　〇〇
　　　　T2　学級担任　〇〇　〇〇

1．題材名　「正しい歯みがきで、健康な歯肉に変身しよう」

2．ねらい
　〇健康な歯肉と、炎症のある歯肉の見分け方がわかり、自分の歯肉の健康観察ができる。
　〇歯肉炎の起こり方とその原因を知ることができる。

3．題材について
　　小学校高学年になると、歯肉炎の児童が増えてくる。また、健康な歯の者でも、歯みがきを怠ったり食生活がかたよったりすると炎症が起こりやすくなる。
　　しかし、小学生時期の歯肉炎のほとんどは、目で見て判断でき、短期間で改善できるという特質をもっている。そこで、歯肉の健康状態を観察し判断できるスキルを育て、自分の口の中の健康状態を正しくとらえられることを目的とした。また、歯肉炎の原因が歯垢の付着であること、すなわち適切な歯みがきによって病変が変化することを知り、生活習慣の改善に関心をもてることをねらい本題材を設定した。

4．他教科との関連
　　〇体育科（保健領域）…病気の予防

5．展開

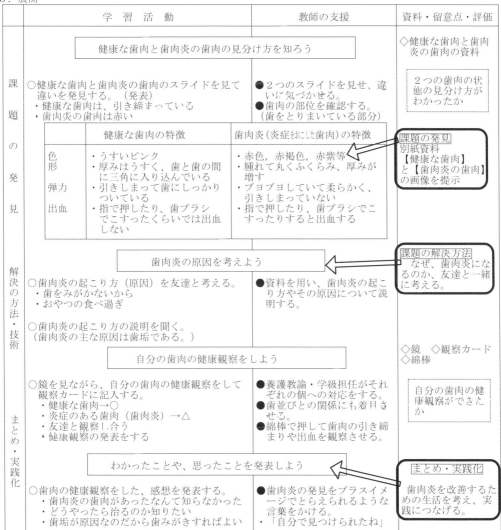

6．評価
　〇健康な歯肉と歯肉炎の歯肉の見分け方がわかったか。
　〇自分の歯肉の健康観察をすることができたか。
　〇歯肉炎の起こり方とその原因を知ることができたか。

第6学年　学級活動（保健指導）指導案（４５分×２）

指導者　Ｔ１　養護教諭　○○　○○
　　　　Ｔ２　学級担任　○○　○○

1. 題材名　「正しい歯みがきで、健康な歯肉に変身しよう」

2. ねらい
　○自分の歯（前歯上下１２本）の歯垢を染色し、みがき残し（口腔清掃状態）をＤＩ変法を用い評価することができる。
　○染まった歯垢を、歯ブラシを使ってみがき落とすことができる。
　○ＤＩ変法の値を改善しようとする意識を持って、日常の歯みがきを行うことができる。

3. 題材について
　　前時で歯肉炎の原因が歯垢であること、適切な歯みがきにより歯肉の炎症が改善することを理解した。
　　本時では、前歯上下１２本を歯垢染色ジェルで染め出し、みがき残し（口腔清掃状態）をＤＩ変法を用いて児童が自己評価を行うことを目的とした。さらに、染まった歯垢を、歯ブラシの毛先を使ってみがき落とすことができる体験学習を通して、習得した歯みがきのスキルを日常に生かし、歯肉炎を改善することができることをねらい本題材の設定に至った。

　　※ＤＩ変法…学校において歯の汚れを点数化し評価できる手法（安井先生）

4. 展開

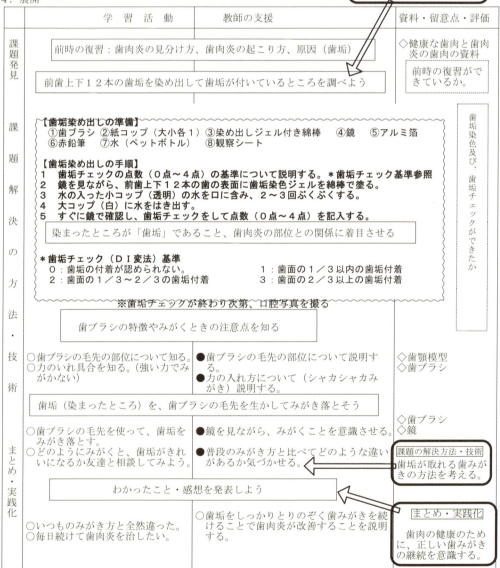

5. 評価
　○みがき残し（口腔清掃状態）をＤＩ変法を用い評価することができたか。
　○染まった歯垢を、歯ブラシを使ってみがき落とすことができたか。
　○ＤＩ変法の値を改善しようとする意識を持ち、日常の歯みがきに生かそうという意識がもてたか。

【ワークシート】

健康な歯肉と歯肉炎の歯肉

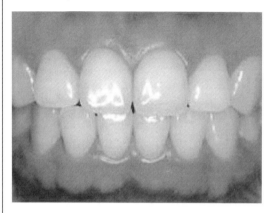
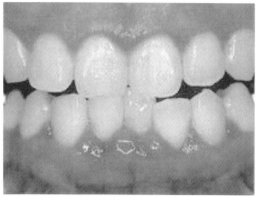

健康な歯肉
1. 色 → うすいピンク
2. 形 → 歯と歯の間にしっかり入りこんでいる。
3. 引きしまり → 引きしまって弾力があり、歯にぴったり付いている。
4. 出血 → 軽く押したり、歯みがきしたくらいでは出血しない。

歯 肉 炎
1. 色 → 赤色、赤紫色など。
2. 形 → 丸く厚みをもってふくらんでいる。
3. 引きしまり → ブヨブヨして弾力がない。
4. 出血 → 軽く押したり、歯をみがいた時に出血しやすい。

歯の染め出しの方法

①歯垢染め出しジェルのついた綿棒を持って、鏡を見ながら、1本1本ぬっていく。【上の歯6本、下の歯6本】

②水を口に含み、ブクブクブクと3回したら、紙コップに吐き出しタオルで口をふく。

③ワークシートに染め出された歯垢の結果を、0点〜3点で記入する。

④歯垢が染まった部分を赤鉛筆でぬる。

⑤結果を友達と話し合う。

健康な歯肉に変身しよう！

6年　　組	名前

① **今日の歯肉を観察しよう。**　　　年　　月　　日

健康な歯肉に○、歯肉炎の歯肉には△を記入しましょう。

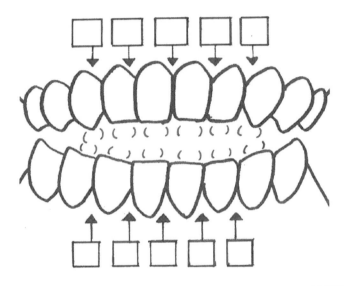

---

② **歯垢を染めだそう。**　　　年　　月　　日

赤く染まった所を赤色鉛筆でぬりましょう。

③ **染まったところの点数をつけよう。**

見本を見ながら、0点～3点までの点数を（　　）に記入しましょう。

　　0点：歯垢が付いていない
　　1点：歯面の1／3以内に歯垢が付いている
　　2点：歯面の1／3～2／3に歯垢が付いている
　　3点：歯面の2／3以上に歯垢が付いている

　　0点　　　　　1点　　　　　2点　　　　　3点

◇気がついたこと・感想

【学習の様子や成果】

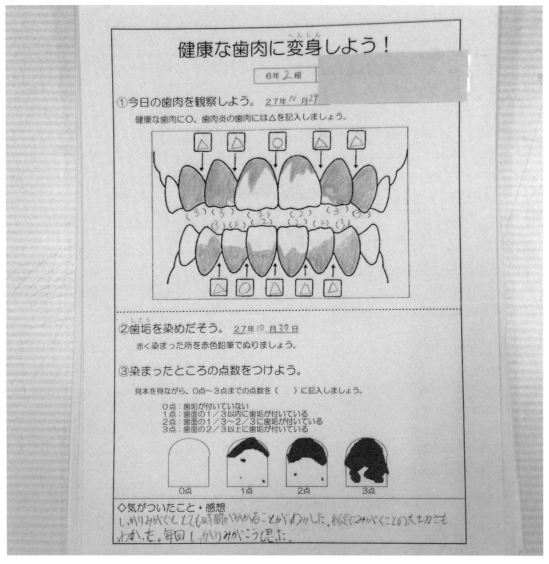

【授業前と授業後の歯肉の改善の様子】

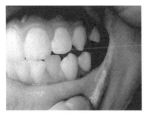
歯肉炎発見時

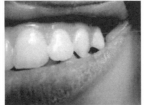
3週間後

<参考文献>
○安井利一・三木とみ子編集代表：養護教諭が行う歯・口の指導—
歯肉の観察・指導・評価のプロセス、ぎょうせい、2014年2月

手洗い指導 ―なぜなぜ手あらい？ ピカピカ手あらい―

1. 作成した理由（作成したきっかけ）

　手洗いは、感染症予防のために必ず身につけさせたい習慣である。学校現場では、様々な機会を利用して手洗いの指導や声かけを行っている。しかし、手洗いの様子を見ると、水で手を濡らしただけだったり、手のひらしか洗わなかったりと、正しい手洗いができていない児童が多い。そこで、児童に手洗いの必要性を理解させ、正しい手洗いを実践する力を身につける保健指導を行いたいと考え作成した。

　また、教師から一方的に教えられるのではなく、児童が互いに学び合える活動を取り入れることで、より主体的に学習できると考えた。対象は、小学校中学年とした。

2. 本ワークシート（資料）の特徴と作成の根拠

- 導入で思考ツールを活用し、手洗いの必要性について考えることで、学習への動機づけができる。
- 正しい手洗いのポイントについて自分の意見を付箋に書き、グループワークの際に、付箋を動かしながら意見を交流し、グループの考えとしてまとめることで、全員が参加している実感が得られる。
- 具体的な目標を3つ考えさせることで、学習の振り返りができ、今後の実践意欲を高めることができる。
- ワークシートの2には、個人で手洗いのポイントを考え、付箋に書いて貼る。個人の考えを持つことで、グループワークの際に、自信をもって発言ができる。
- 個人で考えた手洗いのポイントをグループで交流し、正しい手洗いの仕方についてまとめる。
- グループワークを取り入れることで、それぞれの児童がもっている知識を共有でき、教師から学ぶだけでなく、子供たち同士の学び合いができる。

3. アクティブな活用場面及び活用の際の工夫・留意点

- 導入でなぜ手洗いが必要なのかを考え、ワークシートの1に書く。（記入例：ばいきんを落とす、病気にならない、人にうつさない）
- グループの代表児童に、グループでまとめた手洗いの仕方を実践してもらい、実際にどのくらい汚れを落とすことができるか調べる。（蛍光塗料とブラックライトを用いた手洗いチェック）
- それぞれのグループの手洗いの仕方と手洗いチェックの結果を全体で確認し、正しい手洗いの仕方についてまとめる。
- ワークシートの3に今日の学習を振り返り、これから手を洗う時に気をつけることを具体的に書く。（記入例：つめの間も忘れずに洗う、石けんをよく泡立てる、ハンカチを持ち歩く）

4. グループワークの進め方

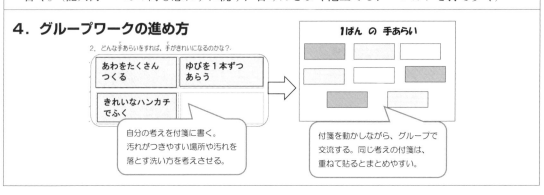

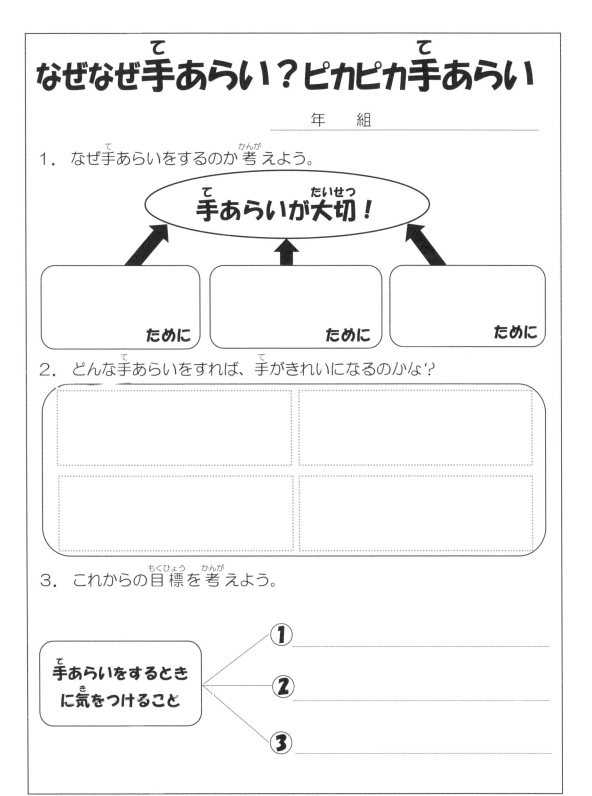

姿勢指導―正しい姿勢でステップアップ―

1．作成した理由（作成したきっかけ）

　授業中、背中が丸くなっていたり、椅子の背もたれにもたれかかっていたり、姿勢が乱れている児童が少なくない。教師が注意した時は、姿勢を正すが、授業の始まりから終わりまで、正しい姿勢で受けられる児童は少ない。そこで効果的に姿勢指導を行うために、普段の姿勢が自分自身の心と体に大きく影響していることに気づかせ、正しい姿勢を実践しようとする意欲を高めることが重要だと考える。また、姿勢指導は、どの学年にも指導したい内容であるため、発育測定時などのショート保健指導の場面で活用できるワークシートを作成した。

2．本ワークシート（資料）の特徴と作成の根拠

- 文章での記述欄を最小限にすることで、どの学年でも短時間で「悪い姿勢の影響」と「正しい姿勢の効果」を学ぶことができる。
- 発育測定時に指導することで、姿勢指導と合わせて身長測定の事前指導を行うことができ、測定の際に児童自身も正しい立ち姿勢を確認することができる。
- 導入の際、児童の普段の姿勢がわかる授業風景の写真を見せることで、学習内容を自分自身の問題として捉えることができ、より効果的な指導ができる。

3．アクティブな活用場面及び活用の際の工夫・留意点

- 指導後は、ワークシートをノートに貼るなどして、常に正しい姿勢について確認ができるようにし、学級担任が姿勢指導を継続するように働きかける。
- 「正しい姿勢の効果」をより印象づけるため、今の自分よりもステップアップできるということを強調する内容にした。

4．指導のポイント

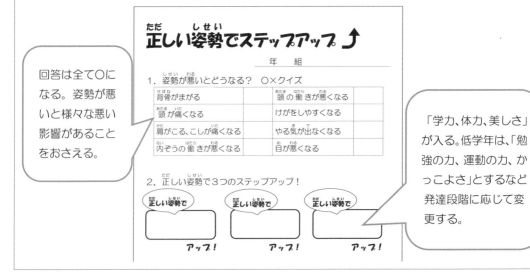

正しい姿勢でステップアップ ⤴

年　　組 ＿＿＿＿＿＿＿＿＿＿

1. 姿勢が悪いとどうなる？　〇×クイズ

背骨がまがる		頭の働きが悪くなる	
頭が痛くなる		けがをしやすくなる	
肩がこる、こしが痛くなる		やる気が出なくなる	
内ぞうの働きが悪くなる		目が悪くなる	

2. 正しい姿勢で3つのステップアップ！

正しい姿勢で　　　　アップ！
正しい姿勢で　　　　アップ！
正しい姿勢で　　　　アップ！

3. 正しい姿勢のポイント

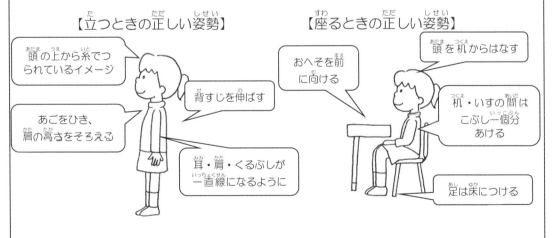

【立つときの正しい姿勢】
- 頭の上から糸でつられているイメージ
- あごをひき、肩の高さをそろえる
- 背すじを伸ばす
- 耳・肩・くるぶしが一直線になるように

【座るときの正しい姿勢】
- おへそを前に向ける
- 頭を机からはなす
- 机・いすの間はこぶし一個分あける
- 足は床につける

短時間でできる食に関する指導

1．作成した理由（作成したきっかけ）

　朝食は1日のスタートを切るための貴重なエネルギー源である。しかし、平成24年度の厚生労働省「国民健康・栄養調査」において7～14歳の朝食欠食率は5％を超えている。執筆者の学校でも生活習慣のアンケートにおいて、ほとんどが毎日朝食を食べていると答えたが、実際は主食や飲み物だけの単品摂取の児童がおり、必ずしもバランスがいいとは言い切れない。また、朝食欠食を改善するためにはその理由を考えさせることも重要である。そこで、バランスのいい朝食とは何かを知り、自分自身の朝食を振り返り記録することで、朝食摂取に対する意識を高めることにつながると考え、本ワークシートを作成した。

2．本ワークシート（資料）の特徴と作成の根拠

・簡潔に、朝の会などの短時間でも記入することができる。
・特別活動（学級活動）で学級担任及び栄養教諭等とのT.Tでの集団指導に活用することができる。
・夏休み、冬休み明けなど、生活リズムが乱れやすい時期の保健指導に活用することができる。
・朝食欠食が続く児童生徒に対して、個別指導につなげることができる。
・（低学年用）自分のとった朝食を食品の役割別に分けて色塗り・記入をすることで、視覚的に朝食のバランスを捉えると共に、楽しみながらチェックできる形式である。
・（高学年・中学生用）事前・事後のアンケートを通して、自身の行動変容を自己評価することができる。
・朝食をしっかり食べるためには、睡眠、日中の活動などの生活サイクル全般を意識することが必要であるため、関連する図、項目をワークシート及び事前・事後アンケートに取り入れる。

関連法規等
○平成16年中央教育審議会答申「食に関する指導体制の整備について」、○食育基本法第5条（子どもの食育における保護者、教育関係者等の役割）、○学校保健安全法第9条（保健指導）

3．アクティブな活用場面及び活用の際の工夫・留意点

・事前・事後指導を通して、児童生徒への行動変容を認め、よい行動を継続できるよう声かけを行う。
・朝食欠食の理由が家庭環境やネグレクトなどに起因すると思われる場合は、学級担任及び関係教職員と連携を図り、適切な対応をとる。

4．記入のポイント

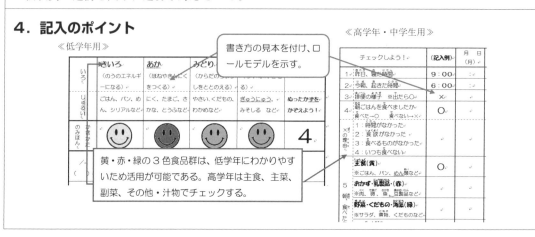

朝ごはん・元気チェックシート

（低学年用）

≪チェックのやりかた≫

1　けさ、たべたあさごはんをおもいだす。
2　たべたもののしゅるいにあわせて、☺にいろをぬる。
3　ぬった☺のかずをかぞえる。
4　いろをぬった☺のかずがおおいほど、バランスが
　　いい朝ごはんです。元気よくすごせそうですね！

いろ	きいろ （のうのエネルギーになる）	あか （ほねやきんにくをつくる）	みどり （からだのちょうしをととのえる）	そのた（あお） （すいぶんをとる）	
しゅるい	ごはん、パン、めん、シリアルなど	にく、たまご、さかな、とうふなど	やさい、くだもの、わかめなど	ぎゅうにゅう、みそしる　など	ぬったかずをかぞえよう！
かきかた のみほん	☺	☺	☺	☺	4
／ （　）	☺	☺	☺	☺	
／ （　）	☺	☺	☺	☺	
／ （　）	☺	☺	☺	☺	
／ （　）	☺	☺	☺	☺	
／ （　）	☺	☺	☺	☺	

☆朝ごはん・元気チェックシートをやってみて☆

　バランスのいい朝ごはんをたべられましたか。　　はい　・　いいえ
　元気にすごすことができましたか。　　　　　　　はい　・　いいえ

先生から

（高学年・中学生用）

朝ごはん・元気チェック　事前・事後アンケート

年　　組　名前 _____

	質問	ここから選んでね	実施前 /	実施後 /
睡眠	①睡眠はたりていますか？	ｱ．十分たりている		
		ｲ．たまにねむい		
		ｳ．もう少しねむりたい		
		ｴ．いつもねむい		
	②どんなふうに目が覚めますか？	ｱ．自然と目が覚める		
		ｲ．目覚ましで起きる		
		ｳ．起こしてもらっている		
		ｴ．なかなか起きられない		
朝食	③毎日朝食を食べていますか？	ｱ．毎日食べる		
		ｲ．たまに食べない		
		ｳ．たまに食べる		
		ｴ．まったく食べない		
	④朝食をバランス良く食べていますか？	ｱ．毎日良い		
		ｲ．たまに良くない		
		ｳ．たまに良い		
		ｴ．いつも悪い		
体調	⑤朝起きるのがつらいときはありますか？	ｱ．ほとんどない		
		ｲ．たまにある		
		ｳ．よくある		
		ｴ．いつもそうだ		
	⑥朝、食欲がないと感じることがありますか？	ｱ．感じることはない		
		ｲ．たまに感じることがある		
		ｳ．感じることが多い		
		ｴ．いつも感じる		
運動	⑦1日で、体を動かす時間はどれぐらいですか？（体育やクラブチーム、部活も含めて）	ｱ．2時間以上		
		ｲ．1～2時間		
		ｳ．1時間ぐらい		
		ｴ．30分以下		

今週のめあて
朝ごはん・元気チェックシート

チェックしよう！	（記入例）	月 日（月）	月 日（火）	月 日（水）	月 日（木）	月 日（金）
1 昨日、寝た時間	9：00	：	：	：	：	：
2 今朝、起きた時間	6：00	：	：	：	：	：
3 排便の様子　※出たら○	×					
4 朝ごはんを食べましたか　食べた→○　食べない→×	○					
×の理由　1：時間がなかった　2：食欲がなかった　3：食べるものがなかった　4：いつも食べない						
5 朝、食べたものに○　主食（黄）※ごはん、パン、めん類など	○					
おかず・乳製品・（赤）※肉、卵、魚、豆製品など						
野菜・くだもの・海藻（緑）※サラダ、煮物、くだものなど						
その他・汁物（青）※牛乳、みそ汁、スープなど	○					
よくかんで食べましたか	(はい)・いいえ	はい・いいえ	はい・いいえ	はい・いいえ	はい・いいえ	はい・いいえ
○の数を数えよう	2					
6 今日の体調◎、○、△で書く	○					
7 朝ごはんをふりかえって	時間がなくて、パンと牛乳だけだった。					
先生のチェック						
1週間を終えての感想						

宿泊行事における事前・実施中の健康チェックシート及び事前指導資料

1．作成した理由（作成したきっかけ）

　宿泊行事は、日々の学校生活とは大きく異なる環境での集団生活となる。慣れない生活から体調も崩しやすく、冬はインフルエンザ等の感染症の拡がりも心配である。

　詳細な健康観察を通して個人と集団の健康実態の把握をすると共に、本人の健康的な生活に向けての意識付けを図ることを目的とし、自分の健康は自分で守ることができる自己管理能力を高めるために、健康チェックカードを作成した。宿泊行事前は、各個人での健康チェックシートとし、実施中はクラスの組織として活動できるように班ごとのシートとした。

2．本ワークシート（資料）の特徴と作成の根拠

- 睡眠、朝食、排便を記入させることで、自分の健康状態や生活を振り返ることができる。
- 睡眠時間を「就寝時刻と起床時刻」で記入させることで、規則正しい生活が送れているのかをチェックすることができる。
- 自身の健康状態を知ること、当日に向けてどのような生活行動を取ればよいのかを考えること（早寝・早起き、排便、朝食、落ち着いた生活でケガの防止など）につながる。
- 「心がけること（健康生活目標）」を考え記入させることで、より深く意識付けを図ることができる。
- 内容によって、個別の保健指導や健康相談につなげる。
- 毎朝自宅で検温をして記入し、朝の会で回収する。
- 学級担任や生徒個人との情報交換・コミュニケーションのきっかけとなる。
- 各個人の生活の様子を教師が把握できる（睡眠時間、朝食の有無など）。それを基に、学年の健康課題を把握する材料として活用できる。

―― 関連法規 ――
○学校保健安全法第7条～第10条

3．アクティブな活用場面及び活用の際の工夫・留意点

- 生活習慣をチェックし、改善が必要な内容は保健指導や健康相談につなげる。
- 実施中のチェックシートは短時間で記入ができるように、毎朝の健康観察と同じように症状を記入する。
- 実施中の健康チェックにおいては、保健係が班の健康観察を行い、学級担任に報告をする。「しおり」にも健康観察のタイミングを記入してもらうことで、係活動としての意識を高める。
- 事前指導資料は教室での指導資料とし、学級担任（発達段階により保健係の係長）がクラスで読み上げる。事前に係長には個別に指導をしておく。

4．指導のポイント

健康目標を事前に立てておく

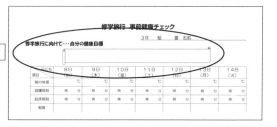

修学旅行 事前健康チェック

3年　　組　　番　名前＿＿＿＿＿＿＿＿＿＿

修学旅行に向けて・・・自分の健康目標

日にち 項目	8日 (水)	9日 (木)	10日 (金)	11日 (土)	12日 (日)	13日 (月)	14日 (火)
朝の体温	℃	℃	℃	℃	℃	℃	℃
就寝時刻	時　分	時　分	時　分	時　分	時　分	時　分	時　分
起床時刻	時　分	時　分	時　分	時　分	時　分	時　分	時　分
朝食							
排便							
薬の服用	あり・なし (種類　　)	あり・なし (種類　　)	あり・なし (種類　　)	あり・なし (種類　　)	あり・なし (種類　　)	あり・なし (種類　　)	あり・なし (種類　　)
体調							
学校サイン							

記入上の注意
- 就寝時刻と起床時刻を記入する　（7〜8時間は眠るようにしましょう）
- 朝食・・・◎しっかり食べた（たくさんの種類を食べた）／ ○食べた ／ ×食べていない
- 体調・・・◎よい ／ ○ふつう ／ 悪い ／【頭痛・腹痛】などの症状を記入

修学旅行期間中の健康チェック

3年　　組　　班　保健係

班員名前	15日(水)				16日(木)				17日(金)		
	東京駅出発式	奈良昼食	宿開校式	就寝前学活	宿朝食	班別到着	就寝前学活		宿朝食	清水昼食	バス内帰りの会
担任サイン											

◎良い　○普通　悪い場合は〔症状〕を記入

ほけんだより

2016.0.0
修学旅行特別号
○○中学校
保健室

来週はいよいよ待ちに待った修学旅行ですね。今までクラスや班でどこに行こうか何をしようか計画してきましたね。わくわくドキドキ…待ち望んでいるのではないでしょうか。楽しく思い出に残る修学旅行にするためには、《健康》があるのみです。

明日から、修学旅行に向けた健康観察が始まります。自分自身の健康は自分で守る。睡眠・食事…体調管理をしっかりと行いましょう。これからの過ごし方がより一層大切です！みんなが元気な顔で、いざ京都・奈良へ！

自分に足りないものは…健康目標をたてよう！

- 夜10時までに寝る！
- 朝6時にスッキリ起きる！

など、自分の生活に足りないものを考え、実行してみましょう！

乗り物酔いを防止するには…

＊ 頭を動かさずに、遠くの景色を見る。
＊ スカートやズボンのホックをはずしてゆるめておく。
＊ 「酔わないぞ」という強い気持ちを持ち、友だちと楽しくおしゃべりして気を紛らわす。寝てしまうのもOK。
＊ バスの前の方の座席を選んだり、窓を開けるのもよい。

修学旅行中…

●夜はしっかり寝ましょう

睡眠不足による体調不良で、ずっと宿で寝ていた…なんてことのないように！その日の疲れを次の日に残さないように、夜はしっかり寝るようにしましょう。疲れているから早く寝たいな…部屋にはそんな友だちもいるでしょう。眠りたい人のことも考えて『思いやりの心』を忘れずに。

●保健係の行う健康観察はしっかり受けましょう

しおりには健康観察のタイミングが書いてあります。自分の健康状態はどうかな？いつもと違う環境で体調が悪くなることもあります。無理をせず早めに申し出るようにしましょう。

●急には念を…

何か起きるかわからないのが修学旅行です。自分でティッシュやばんそうこうなど必要になりそうなものは準備しておくと安心です。

充実した3日間にするために…健康管理をしっかりと！

前日まで…

●睡眠、朝食、排便のリズムを整えておく

早く寝て十分に休息し、好き嫌いなくたくさんの種類を食べるようにして、体調を整えましょう。朝トイレに座って排便の習慣をつけておきましょう。

●自分の健康状態を把握しておきましょう

体調が悪い場合は、早めにかかりつけの医師に相談しておきましょう。持病のある人は、対処法などをしっかりと把握しておきましょう。

●飲み慣れた薬を忘れずに

学校からは内服薬を渡すことはできません。友だち同士の貸し借りも禁止です。
いつも飲んでいる薬、飲み慣れた薬を忘れずに持っていきましょう。

No.8

宿泊行事における事前の保護者説明会資料

1．作成した理由（作成したきっかけ）

　宿泊行事は、大きな病気・事故なく健康安全に帰校することが大前提である。そのためには詳細な保健調査を実施し、情報を把握しておく必要がある。既往のある児童生徒の保護者は、宿泊行事参加に対し、不安な気持ちを持っている場合も少なくない。不安な気持ちを取り除けるよう、また学校と家庭が共通理解を得て宿泊行事に臨めるよう、生活における留意点等について保護者会で説明を行うため、資料を作成した。

2．本ワークシート（資料）の特徴と作成の根拠

・生徒、保護者ともに、当日までの安全な生活を送るための意識付けとなる。
・現在の体の状態や、薬の服用状況などを把握することが当日の安全な実施につながる。
・具合が悪くなった際の対処方法・医師からの指示を把握することで、学校の対応の指針になる。
・保護者の緊急時連絡先（3つほど）を記入してもらい、病院受診時や連絡を取りたいときなどにいち早く対応することができる。
・保健調査票は、事前にまとめて引率教員に㊙として配布する。連絡先だけは切り取ってクラスごとにまとめることで持ち運びがかさばらなくて便利である。
・住所と誕生日を記入することで、救急搬送や医療機関搬送の際、救急隊や医療機関への伝達がスムーズとなる。

3．アクティブな活用場面及び活用の際の工夫・留意点

・保護者に宿泊行事に向け、家庭での生活について協力をお願いする。
・年度当初の配慮生徒一覧に今回の調査結果を付け加えることで、漏れがないようにする。
・連絡先だけを切り取ってまとめておくと、大規模校には便利な方法である。
・㊙扱いとし、保健調査は引率教員に、連絡先は学級担任に配布しておくことで、傷病人が複数出た場合でも対応できるようにする。
・保険証回収等は、各学校の実情に合わせる。

4．緊急連絡先のまとめ方の例

106　保健教育

修学旅行事前保護者会資料

修学旅行における健康管理について

　充実した修学旅行にするためには、健康あるのみです。ご家庭での協力が必要不可欠ですので、以下の点についてよろしくお願いいたします。

1　健康管理について

前日までの健康管理

- 規則正しい生活（睡眠をしっかりとる・3食好き嫌いなく食べる・運動をする）を心掛け、体の調子を整えさせてください。毎朝トイレに座って、排便の習慣をつけさせることも大切です。
- ケガをしないよう、落ち着いた生活を送るようご指導ください。
- 健康面で心配なところがある場合は、医師に事前に相談しておいてください。
- 1週間前から健康チェックを行います。毎朝検温をし、生活習慣のチェックをしていきますのでご家庭でも見守りをお願いします。

当日の健康管理

- 当日朝に熱がある場合は、自宅で休養をお願いします。また、修学旅行前日に発熱している場合、当日の朝に下がったとしても再度発熱する可能性があります。無理をしないよう、ご配慮ください。
- 思いがけない事故や病気が起こることがあります。常に連絡をとれるようにしておいてください。また、状況に応じて保護者の方に現地までおいでいただくこともありますのでご了承ください。

帰宅後の健康管理

- 気が付かないうちに、疲れがたまっています。帰宅後は十分に休養をお願いします。

2　持ち物について

①保険証

　学校でのコピー回収は行いません。必要時には、ご家庭から宿、病院宛に FAX していただきます。ご家庭に FAX がない場合は、お近くのコンビニエンスストアなどから送っていただくことになります。事情により、FAX 送信が困難な場合やこの方法以外を希望される場合は、学校にご相談ください。

②薬

　普段飲み慣れている薬を忘れずに持たせてください。学校からは内服薬は持っていきません。また友だち同士の貸し借りも禁止です。
　乗り物酔いをする場合は、事前に酔い止めの薬を飲むか、エチケット袋の準備をしてください。

3　医療費について

　体調不良やけがで現地の医療機関を受診した場合、費用は保護者の方の負担となります。後日、災害共済給付金（独立行政法人日本スポーツ振興センター）の手続きを進めてまいります。

4　その他

　不安なことがある場合は早めに主治医を受診するか、学校（学級担任や養護教諭）にご相談ください。

保護者宛通知文例

平成　年　月　日

3年生保護者　様

〇〇市立〇〇中学校
校長　〇〇　〇〇

修学旅行前保健調査の実施について

　〇〇の候、保護者の皆様におかれましては、ますますご健勝のこととお慶び申し上げます。
　さて、〇月〇日（　）～〇日（　）まで2泊3日の修学旅行に向け、保健調査を実施いたします。この調査は修学旅行を前に、生徒の健康状態を把握し、健康で安全に、そして有意義なものにするために行うものです。この保健調査は修学旅行中の健康管理を適切に行うための資料となりますので、記入漏れのないようご協力をお願いいたします。

記

1　提出期限　　　〇月〇日（　　　）　　担任まで

2　提出方法　　　プライバシー保護のため、家にある封筒に入れて提出していただいても構いません。

3　記入時の注意事項
　・保健調査の緊急連絡先は、**確実に連絡の取れるもの**を記入してください。
　・修学旅行前日に熱がある場合は、当日の朝下がっていても、また発熱する可能性があります。無理をしないようご配慮ください。
　・頭痛、腹痛、喘息、その他持病のある場合は、普段服用している薬を必ず持たせてください。**学校からは内服薬は持っていきません。**
　・健康面で気になることがあれば、主治医と事前に相談し、指示された事項をご記入ください。

4　健康管理について
　・睡眠時間や食事内容に注意して、体の調子を整えさせてください。
　・乗り物酔いをする場合は、事前に酔い止めの薬を飲むか、エチケット袋などの準備をさせてください。
　・旅行中は疲労のため思いがけない病気や事故がおこることがあります。常に連絡がとれるようにしておいてください。また、状況に応じて保護者の方に現地までおいでいただくこともありますので、ご了承ください。

保険証について
　プライバシー保護のため、学校でのコピー回収は行いません。必要時、ご家庭から宿または病院宛てにＦＡＸしていただきます。ご家庭にFAXがない場合は、お近くのコンビニエンスストア等から送っていただくことになります。（事情により、この方法以外を希望される保護者の方は学校までご相談ください）

㊙ 修学旅行前保健調査

3年　　組　　番　氏名　　　　　　　　　　保護者氏名　　　　　　　　　　　　　印

生年月日　平成　　年　　月　　日　　住所　〇〇市

緊急連絡先（体調の急変も考えられますので24時間必ず連絡が取れるようにしておいてください）

	氏名	連絡先名・勤務先名	電話番号
昼			
夜			

当てはまる方に〇を付け、必要事項をご記入ください。

1	平熱は何度ですか	（　　　.　　　℃）	
2	発熱しやすいですか	はい	いいえ
3	頭痛や腹痛を起こしやすいですか	はい → 頭痛・腹痛 　　　　対応（　　　　　　　　）	いいえ
4	乗り物に酔いやすいですか	はい → いつも酔う・たまに酔う	いいえ
5	喘息発作の心配がありますか	はい → 最終発作（　　年　　月頃）	いいえ
	喘息発作時の注意点と、その処置方法（使用している薬品名も記入してください）		
6	食物に対するアレルギーがありますか	はい ↓	いいえ
	①原因となる食物　②症状　③対応　を教えてください ①（　　　　　）②（　　　　　　）③（　　　　　　　）		
7	薬品や注射に対するアレルギーがありますか	はい ↓	いいえ
	①原因となる薬品・注射　②症状　③対応　を教えてください ①（　　　　　）②（　　　　　　）③（　　　　　　　）		
8	慢性の病気（持病）がありますか	はい 病名（　　　　　　　　　） 　　　現在の状態・対応（　　　　　）	いいえ
9	現在かかっている病気やケガで医師の診察を受けていますか	はい 傷病名（　　　　　　　　） 　　　医師の指示（　　　　　　　）	いいえ
10	修学旅行中に服用する薬、または持参する薬はありますか	はい 薬品名 　　　用法・容量	いいえ
11	その他、心配事や知っておいてほしいこと、注意することがありましたらご記入ください。		

No.9

高等学校の応援部に対する熱中症指導（部活動編）

1．作成した理由（作成したきっかけ）

応援部の生徒が熱中症で保健室に来室することが多い。そこで生徒自身が主体的に熱中症を予防する態度を身につけることが必要であると感じ、熱中症の保健指導を行うこととした。

2．本ワークシート（資料）の特徴と作成の根拠

- 資料は熱中症の知識に留まらず実態に即した内容を取り上げ、身近な問題として捉えることができるよう工夫した。また、予防には日常の生活習慣と密接な関係があることも理解させる。
- ワークシートは、保健指導を受ける前と受けた後の生徒の知識と意識の変容をみることができる。
- 3年間実施するので経年的に知識の変容をみることが可能である。
- 指導者としては生徒の感想から指導の至らない点を確認することができ、今後の指導に活用できる。

3．アクティブな活用場面及び活用の際の工夫・留意点

- PPを使って保健指導を実施する前にワークシートに熱中症について知っていることを記入させる。
- 保健指導後に再度ワークシートに、指導前と同様の質問内容を記入させ、指導前後の知識の変容を確認する。
 さらに、得た知識によって変容できることを考えさせ記入させる。

4．指導のポイント

個別指導活動実施案にそって保健指導の詳細を決めておく。

　　　　　　　　一部抜粋

個別指導活動実施案

1．テーマ
応援部への熱中症指導
2．取り組みのきっかけ（健康相談・日常の健康観察）
応援部の生徒が熱中症で保健室に来室することが多い。そこで生徒自身が主体的に熱中症を予防する態度を身につけることが必要であると感じ熱中症の保健指導を行うこととした。
3．ねらい
・熱中症の知識の理解 ・予防の方法を知る ・自分自身の健康を守る ・他の部員の健康も守る
4．対象
応援部員・顧問
5．指導期間、時間、場所
期間　5月の中間考査の前（梅雨に入る前で暑くなり始めた頃） 時間　放課後 場所　研修室

＜参考文献＞
○三木とみ子：個別指導活動実施案「養護教諭が行う健康相談・健康相談活動の理論と実際」、ぎょうせい、2013年4月
○環境省：熱中症環境保健マニュアル2014、2014年3月

パワーポイントの資料　一部抜粋

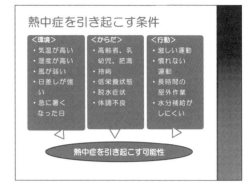
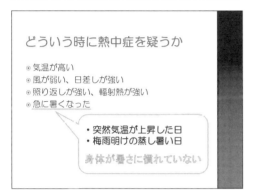
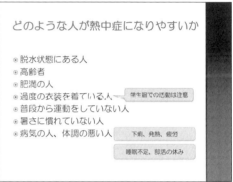
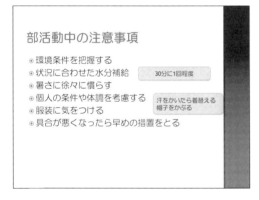
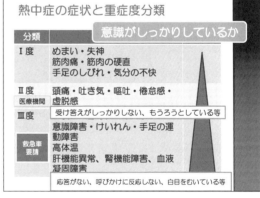
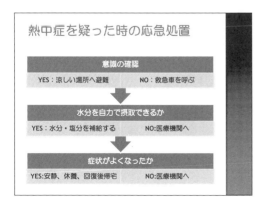
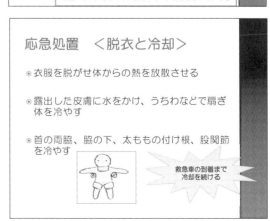

個別指導活動実施案　参考資料

1．テーマ				
応援部への熱中症指導				
2．取り組みのきっかけ（健康相談・日常の健康観察）				
応援部の生徒が熱中症で保健室に来室することが多い。そこで生徒自身が主体的に熱中症を予防する態度を身につけることが必要であると感じ熱中症の保健指導を行うこととした。				
3．ねらい				
・熱中症の知識の理解 ・予防の方法を知る ・自分自身の健康を守る ・他の部員の健康も守る				
4．対象				
応援部員・顧問				
5．指導期間、時間、場所				
期間　5月の中間考査の前（梅雨に入る前で暑くなり始めた頃） 時間　放課後 場所　研修室				
6．指導者				
養護教諭				
7．活動内容			指導のポイント・留意点	
・顧問と相談し保健指導の日時を決定する ・場所を確保する ・機材の使用方法の確認 ・保健指導に必要な資料等の準備 保健指導 ①まず保健指導を行う意義を説明する ②熱中症基礎知識チェックシートを記入させる ③PPを使用しての保健指導を開始する ④終了後に再度熱中症基礎知識チェックシートを記入させ知識の変容を確認する ⑤感想用紙を配布し保健指導を受けた感想を記入させる			・熱中症が発症しやすい時期を考慮し保健指導の実施時期を設定する ・なぜ保健指導を行うのか意義を説明し理解を深めさせる ・実態に即した内容にし自らの問題として捉えさせる ・基礎知識チェックシートを使用し、生徒自身の知識の変容を指導者が確認する	
8．連携	学級担任	学校医	学校歯科医	学校薬剤師	その他
					部活動顧問と時期を決定し部員への連絡を依頼
9．保護者への助言				
熱中症の保健指導を実施したことを報告し、家庭での生活習慣にも留意してもらう。				
10．学びのネットワーク				
保健指導を実施した内容を保健通信に掲載し、全校生徒、教職員への学びと繋げる。保健指導の際に出た質問も掲載し、より具体的な内容を掲載する。				
11．反省と評価・全体感想				
基礎知識チェックシートの感想から生徒の知識理解を確認し、次年度へと繋げる。				

熱中症基礎知識チェックシート

保健指導の前後で知識の変容を確認します。それぞれの問題に〇か×で回答しましょう。

年　　　組　　　番　氏名			
番号	問題	Before	After
1	熱中症は気をつけても防げない		
2	気温と湿度が高い場合に注意が必要だ		
3	急に暑くなった日に多く発生する		
4	体は徐々に暑さに慣らすことが大切だ		
5	熱中症にかかるのは高齢者だけだ		
6	日常生活での予防対策も必要だ		
7	水分は活動前と活動後に摂ればよい		
8	頭痛や筋肉の硬直は熱中症の症状の一つだ		
9	熱中症の症状を疑った場合体を冷やすことが重要だ		
10	症状が改善しなくても自宅で安静にしていればよい		

指導者用回答

番号	問題	回答	解説
1	熱中症は気をつけても防げない	×	予防法を知っていれば防ぐことができる
2	気温と湿度が高い場合に注意が必要だ	〇	
3	急に暑くなった日に多く発生する	〇	突然気温が上昇した日や梅雨明けの蒸し暑い日は注意
4	体は徐々に暑さに慣らすことが大切だ	〇	暑熱順化という
5	熱中症にかかるのは高齢者だけだ	×	全ての年齢で注意が必要
6	日常生活での予防対策も必要だ	〇	睡眠と栄養の確保
7	水分は活動前と活動後に摂ればよい	×	30分に1回程度こまめに補給
8	頭痛や筋肉の硬直は熱中症の症状の一つだ	〇	
9	熱中症の症状を疑った場合体を冷やすことが重要だ	〇	
10	症状が改善しなくても自宅で安静にしていればよい	×	改善しない場合には医療機関へ

No.10

文化祭における食品取扱団体への指導

1．作成した理由（作成したきっかけ）

　文化祭における食品の取扱いについては、担当する養護教諭や生徒会担当者が指導に苦慮している。日頃、学校において家庭科の調理実習以外では食品を取り扱うことはないこと、教室等は食品を販売する目的で造られていないこと、文化祭では近隣の不特定多数の方々を対象とすることから、特に注意して食品を安全に提供する必要性がある。そこで、最低限留意すべき「食品の取り扱い」「食品取扱者」「食品取扱設備」の3点について理解を深められるよう指導を行うと共に資料を作成した。

2．本ワークシート（資料）の特徴と作成の根拠

・食品の取扱いに慣れていない児童生徒が、特に留意すべき点について考えながらポイントを理解できる。
・巡回チェックカードは指導内容が項目ごとに整理されているため、学び直しができる。
・自分たちで考えて記入することで、文化祭で食品を取り扱うための準備の重要性の認識につなぐことができる。
・指導した内容は、文化祭までに団体代表者が各団体全員へ説明をする。その際、ポイントを絞って説明できる。

＜参考資料＞埼玉県教育委員会：文化祭等における食品の取扱いについて（平成20年1月21日　教保体第1253－1号）

3．アクティブな活用場面及び活用の際の工夫・留意点

・文化祭までに該当団体へ3回の事前指導説明会（各団体の代表者3、4名対象）を行う。その第1回目の指導説明会において、思考ツール（Yチャート）を使用して生徒に考えさせる保健指導を行う。
・巡回チェックカードは、第2回事前指導説明会において配布・説明することで担当生徒がダブルチェック機能を果たす。
・文化祭当日、養護教諭・生徒会担当者が巡回点検をする際の巡回点検表は、前述の留意点3点が明記されているため、自分たちの行動が指導のとおりにできているか再確認することができる。
・本指導内容は、「購入した食品を皿等に移して提供する団体」を対象としたものである。
・各都道府県教育委員会の指導に従い、所轄保健所の指導を仰ぎながら、勤務校の学校設備や日頃の生徒の実情に応じて対応する。

4．文化祭食品取り扱い団体への指導（例）

－思考ツール（Yチャート）を活用した保健指導－

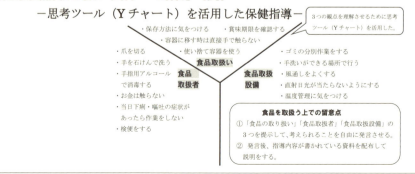

文化祭取扱巡回表（例）

〇〇年度　　文化祭食品取り扱い巡回表　　〇〇高等学校

〈団体名〉　　　　年　　組　　　　　　＜販売場所＞

〈担任・顧問名〉　　　　　　　　　　＜取り扱い食品＞

点　検　項　目		月　日（　）時　分	月　日（　）時　分	月　日（　）時　分	月　日（　）時　分
食品取扱い	1. 申請した食品以外の物を売ったり、サービスとして出したりしていないか				
	2. 使い捨ての食器（コップ・皿等）を使用しているか				
	3. 使い捨ての手袋・パンばさみを使用して販売しているか				
	4. 温度管理が必要な食材は適切な温度で適切に保存されているか（冷蔵庫・冷凍庫等）				
	5. えび、かに・小麦・そば・卵・乳・落化生が含まれている場合はアレルギー表示をしているか				
食品取扱者	6. 手洗い・消毒の仕方は守られているか				
	7. 速乾性手指消毒剤は誰がみても分かる所に置き、衛生的に取り扱っているか				
	8. 長い髪をゴム等で結んでいるか				
	9. 食べながら販売、歩き売り、出前をしていないか				
	10. 爪は短く切ってあるか。マニキュア・指輪はしていないか				
	11. 風邪ひき、下痢、おでき等のある者が従事していないか				
	12. エプロン・三角巾・マスク着用に関わる約束が守られているか（料理部）				
食品取扱設備	13. 食品を風通しのよい、日の当たらない場所に保管し、販売しているか				
	14. 教室を衛生的にしているか（黒板・机等の消毒・ゴミの処理）				
備　　考					
担　当　者　サ　イ　ン					

保健指導

○○年度　文化祭食品取り扱い巡回表　　○○高等学校

〈団体名〉　　　　年　　組　　　　　　　＜販売場所＞

〈担任・顧問名〉　　　　　　　　　　　　＜取り扱い食品＞

分類	点　検　項　目	月 日( ) 時 分	月 日( ) 時 分	月 日( ) 時 分	月 日( ) 時 分
食品取扱い	1. 申請した食品以外の物を売ったり、サービスとして出したりしていないか				
	2. 使い捨ての食器（コップ・皿等）を使用しているか				
	3. 使い捨ての手袋・パンばさみを使用して販売しているか				
	4. 温度管理が必要な食材は適切な温度で適切に保存されているか（冷蔵庫・冷凍庫等）				
	5. えび、かに・小麦・そば・卵・乳・落花生が含まれている場合はアレルギー表示をしているか				
食品取扱者	6. 手洗い・消毒の仕方は守られているか				
	7. 速乾性手指消毒剤は誰がみても分かる所に置き、衛生的に取り扱っているか				
	8. 長い髪をゴム等で結んでいるか				
	9. 食べながら販売、歩き売り、出前をしていないか				
	10. 爪は短く切ってあるか。マニキュア・指輪はしていないか				
	11. 風邪ひき、下痢、おでき等のある者が従事していないか				
	12. エプロン・三角巾・マスク着用に関わる約束が守られているか（料理部）				
食品取扱設備	13. 食品を風通しのよい、日の当たらない場所に保管し、販売しているか				
	14. 教室を衛生的にしているか（黒板・机等の消毒・ゴミの処理）				
	備　　考				
	担 当 者 サ イ ン				

2 保健学習　　　　　　　　　　　　　　　　　　　　　　　　　　　　No.1

実験動画等を取り入れた喫煙・飲酒・薬物乱用防止の指導

1．作成した理由（作成したきっかけ）

＜喫煙・飲酒＞

「喫煙・飲酒」をテーマに、保健委員会の生徒と夏休み前に実験を交えながら、委員会新聞の作成を行っている。校内に壁新聞として掲示しているが、すみずみまで読んでいる生徒が少ないことが課題であった。

そこで、委員会生徒が行った実験動画「喫煙・飲酒の害と健康」を資料とし授業に取り入れ、仲間と意欲的に保健学習に取り組むことを目的として作成した。

＜薬物乱用防止＞

飲酒・喫煙とは異なり、「自分にも関係があること」として捉えにくい内容である。また、実験や生徒が主体的に取り組む活動を取り入れることも難しい。そこであらかじめ薬物乱用に関わる新聞やニュースなどを集め、生徒が身近なものとして感じられるよう作成した。

2．本ワークシート（資料）の特徴と作成の根拠

・教科書の重要語句を前半部分に穴うめ問題として提示し、保健学習で使用した際に、定期考査前に振り返ることができる。
・生徒が授業中に見る資料が多いと、視覚的に集中しにくいため、プリントとプレゼンテーションに絞り、内容をまとめた。
・薬物乱用で使用する新聞等の資料は、生徒保健委員と中学生に関係のあるニュースを選別して、「自分たちにも身近に迫る危険があること」と捉えることができる。

――関連法規――
○未成年者飲酒禁止法第１条、○未成年者喫煙禁止法第１条

3．アクティブな活用場面及び活用の際の工夫・留意点

・最初から害のみを伝える姿勢を取らず、特にお酒については肯定的なイメージと否定的なイメージの両方を生徒に挙げさせ、生徒が出した意見を授業に繋げるようにした。
・資料等を抜粋してプリントに提示し、ロールプレイングでの活動の際に、根拠を明確にして断る練習ができるようにした。

4．活用のポイント

 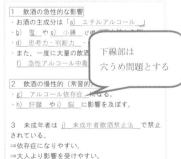

下線部は穴うめ問題とする

＜参考文献＞
○財団法人　日本学校保健会：喫煙、飲酒、薬物乱用防止に関する指導資料　中学校編、2011年
○厚生労働省HP（Q 喫煙者本人への健康影響（がんへの影響）について）
○いらすとや（http://www.irasutoya.com/）イラスト

保健体育科 3年 学習シート

喫煙の害と健康・飲酒の害と健康（教科書p.　）

3年　　組（　　）氏名

◆タバコって・・・・

【喫煙の害と健康（教科書p.　）】

1 たばこには有害物質が２００種類以上含まれている。

有害物質の名前・身体にどんなことが起きるのか

有害物質の名前	身体にどんなことが起きるのか
ニコチン	・a) 血管 の収縮、b) 血圧 の上昇、c) 心拍数 の増加。 ・強いd) 依存性 がある。
タール	・"やに"とも呼ばれ、e) 肺 にくっつき、機能をf) 低下 させる。 ・多くのg) 発がん性物質 を含む。
一酸化炭素	・血液のヘモグロビンとくっつき、血液がh) 心臓病 にかかりやすい。

2 未成年者の喫煙の影響
・喫煙を開始する年齢が低いほどi) がん やj) 心臓病 にかかりやすい。
・k) 依存症 になりやすい。
・未成年の喫煙は l) 未成年者喫煙禁止法 で禁止されている。

✿保健委員会生徒作成の実験映像を見てわかったこと、喫煙を勧められた時にどう断るかについて記入し、意見交換をしよう！✿

＜わかったこと＞

＜勧められたらどう断る？＞

資料

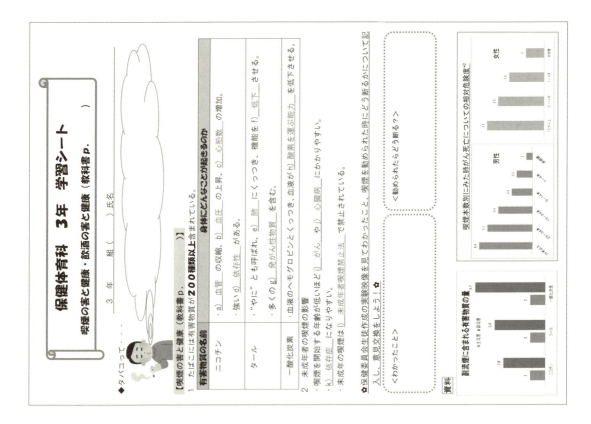

副流煙に含まれる有害物質の量

喫煙本数別にみた肺がん死亡についての相対危険度[*2]

【飲酒の害と健康（教科書p.　）】

◆グループで話し合ってみよう！

1 飲酒の急性的な影響
・お酒の主成分は「a) エチルアルコール 」
・b) 胃 やc) 小腸 で吸収→血液から脳へ
・d) 思考力・判断力・e) 運動能力 等が低下
　また、一度に大量の飲酒をするとf) 急性アルコール中毒 を起こすこともある。

2 飲酒の慢性的（常習的）な影響
・g) アルコール依存症 になる。
・h) 肝臓 やi) 脳 に影響を及ぼす。

3 未成年者はj) 依存症 になりやすい。
⇒大人より影響を受けやすい。
⇒未成年者飲酒禁止法 で禁止されている。

◆パッチテストの結果は・・・・？
□変わった！！！ □変わらなかった！！！

色が...

◆授業の感想や質問、わからなかったことを書いてください。

アルコールパッチテスト結果

✿色が変わらなかった✿
アセトアルデヒドを分解する能力が身体に備わっています。しかし、２０歳になりお酒を飲む機会があっても身体の健康を考えないとアルコール依存症になる危険性もとてもあります！将来はお酒に頼らずとも楽しく過ごせる大人になってください。

✿色が赤くなった✿
アセトアルデヒドの分解能力があまりない人、お酒を飲む場合も、無理をすると身体に影響がでます。２０歳になり、将来はお酒を飲むことに対処できるようになってください。

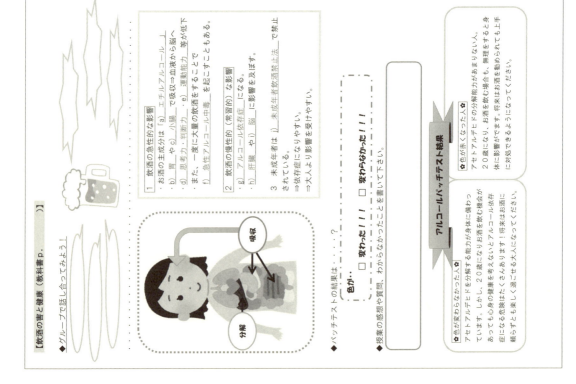

保健体育科 3年 学習シート

薬物乱用の害と健康（教科書 p.　）

3年　組（　）氏名

★目分がAくんだったとしたら・・・★

イライラしている時にもらった先輩からのサプリ。あなたならどうする？？

✿保健委員会の選んだ新聞やニュースを見て・・・
薬物を手にしてしまった人は、どうして手を出してしまったのだろう・・・？

＜あなたの考え＞

＜グループでの参考になった意見等＞

【薬物乱用の害と健康（教科書 p　）】

薬物乱用とは・・・
・薬物乱用：①　　　　　の使用でも乱用という！！
⇒法律で禁止されている薬物や化学物質を使用（②シンナー、③覚醒剤、④大麻など）
⇒⑤医薬品を目的以外で使用することも薬物乱用に含む

・薬物を持っているだけで犯罪に・・・（　なる　・　ならない　）

資料1：薬物乱用による各種の障害

前頭葉
運動
言葉
思考等

側頭葉
記憶
視覚
聴覚等

小脳 運動

資料2：●●新聞（　年　月）
生徒保健委員と選んだ新聞記事 代表1つ

A：主な薬物の種類

薬物名	隠語	概要・作用
（①覚醒剤）	スピードS	・脳を異常に興奮させるため、乱用すると気分が高揚し一時的に食欲や眠気がなくなった気分になる。 ・効き目が何れると激しい疲労感や脱力感に襲われる。 ・依存性が強い。 ・乱用を続けると（②幻覚）（③幻覚）（④錯乱状態）などの精神症状が現れる。 ・心不全や不整脈などの中毒症状を引き起こす。 ・一度の使用でも、中毒症状での（⑤死）の危険もある。
大麻	（⑥マリファナ） ハシッシュ チョコ	・心拍数の増加、充血、思考力や記憶力の低下などの症状がでる。 ・幻覚性をもつ麻薬成分が含まれている。 ・乱用を続けると白血球の減少や免疫力の低下、生殖機能の障害などを起こる。
MDMA等 錠剤型合成麻薬	エクスタシー X バツ	・カラフルな錠剤でハートや星型等の刻印がされている。その色や形状から一見薬とわからないが興奮本位やファッション感覚で手を出してしまうケースがある。 ・主に興奮作用と幻覚作用をあわせ持つ。
麻薬	コーク スノウ	・脳を興奮させる作用があり、製造、輸入、販売などが禁止されている。
違法ドラッグ	―	・強い作用がある。

B：薬物の作用や症状

①依存性
⇒一度使用するとまた使いたくなり、自分の意志でにやめられなくなり、何度でも使用したくなる。

②耐性
⇒使用を繰り返していく内に、それまでの量では効かなくなる。

③禁断症状などが起こり、社会生活に適応できなくなってしまう。

④フラッシュバック
　薬物乱用をやめ、治療によって普通の生活に戻ってでも、ストレスや飲酒などがきっかけで突然妄想や幻覚症状が再発する。

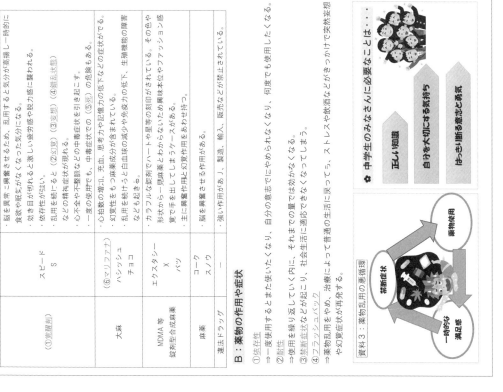

資料3：薬物乱用の悪循環

✿中学生のみなさんに必要なことは・・・・
正しい知識
自分を大切にする気持ち
はっきり断る意志と勇気

◆たばこの害について学ぼう！委員会実験編◆

担当学年：3年生6名

[実験について]

事前準備
① 今回使用するたばこは先生が用意します。
② 保健室で実験し、換気をしながら行います。
③ 全員マスクを着用してください。

実験方法
○ もともとはきれいな肺の人形にたばこを1本吸わせる。
○ 1本たばこを吸うと肺はどうなるのか？実験する。
○ 予想を立ててから実験しよう！

【肺はどうなるだろう？】

【実験役割分担】

ナレーション1	ナレーション2	ムービー撮影	カメラ撮影	吸わせる人	時間を計る人

【実験結果、みんなに伝えたいことを話しあおう】

＜結果＞
・●●●●

＜みんなに伝えたいこと＞
・〇〇〇〇

★今日の実験をもとに新聞作成します。壁新聞かクラス掲示新聞にするか、内容はどうするかも話し合いましょう★

3　児童生徒保健委員会　　No.1

児童生徒保健委員会の活動計画

1．作成した理由（作成したきっかけ）

児童生徒保健委員会活動計画の作成は、学校保健目標達成のために、積極的な児童生徒保健委員会の活動を目指すために欠かせない。年間の計画を立案することで、自らの役割に責任を持つことができる。児童生徒委員長・副委員長が多くの意見を集約し、委員会活動のリーダーとしての力をつけることもできる。また、生徒目線の計画を立案すること等、多くの生徒が学校保健に携わる意識を持ってほしいという願いや教職員に対して生徒の活動を明確にするため、本資料を作成した。

2．本ワークシート（資料）の特徴と作成の根拠

・年間を通した計画を立案することで、1年間の活動が明確になる。
・学校保健年間計画を提示し、委員会として何ができるか全体的にみることができる。

3．アクティブな活用場面及び活用の際の工夫・留意点

・「養護教諭として活動してほしい内容」と「児童生徒が活動したい内容」について調整して、1枚のシートとなるように工夫した。
・学校保健年間計画の「月の重点」とリンクした活動を行う。
・節目ごとに活動に対する評価を必ず行う。
・年度初めの委員会活動において「養護教諭として活動してほしい内容」を提示し、委員各自が「児童生徒が活動したい内容」を列挙する。委員長・副委員長が一覧にまとめ、具体的計画を立案する。
・再度委員会を開催し、委員に周知の上、役割を分担する。
・反省については、仕事の忘れなど個々に差があることも考えられるので、全体での発表はさせず、各自反省をし、顧問教諭・養護教諭・委員長・副委員長のみが確認し、次年度への活動に活かす。

4．生徒保健委員会活動計画例（高校）

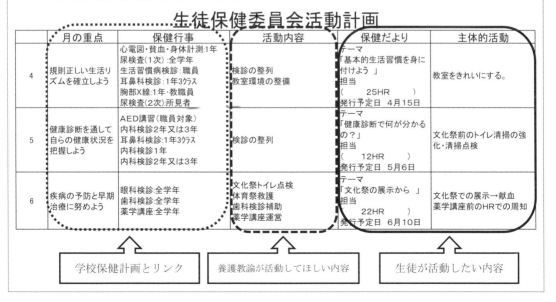

生徒保健委員会活動計画

	月の重点	保健行事	活動内容	保健だより	主体的活動
4				テーマ 「　　　　　」 担当 （　　　　　） 発行予定日　4月　日	
5				テーマ 「　　　　　」 担当 （　　　　　） 発行予定日　5月　日	
6				テーマ 「　　　　　」 担当 （　　　　　） 発行予定日　6月　日	
7				テーマ 「　　　　　」 担当 （　　　　　） 発行予定日　7月　日 テーマ 「　　　　　」 担当 （　　　　　） 発行予定日　8月　日	
8・9				テーマ 「　　　　　」 担当 （　　　　　） 発行予定日　9月　日	
10				テーマ 「　　　　　」 担当 （　　　　　） 発行予定日　10月　日	
11				テーマ 「　　　　　」 担当 （　　　　　） 発行予定日　11月　日	
12				テーマ 「　　　　　」 担当 （　　　　　） 発行予定日　12月　日	
1				テーマ 「　　　　　」 担当 （　　　　　） 発行予定日　1月　日	
2				テーマ 「　　　　　」 担当 （　　　　　） 発行予定日　2月　日	
3				テーマ 「　　　　　」 担当 （　　　　　） 発行予定日　3月　日	

No.2

生徒保健委員会の活動実践
（高校における生徒保健委員会が作る薬学講座）

1. 作成した理由（作成したきっかけ）

　例年、講演スタイルであった保健行事について生徒が疑問に思っている題材を高校生の視点で取り上げ、「毎年行うこと」と言われている保健行事をマンネリなく実施したいと考えた。

　学習し、発表することで、本当に知ってほしいことを身近な視点で知識として得ることができると考えたため、この取り組みを考えた。

2. 本ワークシート（資料）の特徴と作成の根拠

- 生徒の視点に立った保健的行事の実施及び効果的な課題解決指導を展開できる。
- 指導者の少ない支援で生徒たちが自ら計画的に立案・作業ができ、関わった生徒一人一人が達成感を味わうことができる。
- 生徒が自らの言葉で専門家インタビューをし、レポートをまとめることで、言語活動の充実につながる。
- 校外組織と連携することで、開かれた学校づくりができる。

3. アクティブな活用場面及び活用の際の工夫・留意点

- マンネリ化している行事の視点を変えることは、他の行事にも応用できる。
- 突発的に研究指定校等を受けることになった際、養護教諭が頭を抱えなくても生徒の自発的な発想で素晴らしい研究が可能となる。
- 他の教職員の理解・協力が必要である。
- 配慮が必要な生徒への役割の与え方を十分に検討する。
- 準備日程にはかなりの時間を費やす。（すぐに完成はできない）

4. その他

　本事例は高等学校生徒保健委員会を対象としている。警察でのインタビューの中で印象的な実際例を紙芝居にまとめたことについて披露をし、興味を引き出した。

　小・中学生においては劇仕立て・ペープサート（紙人形劇）にする等、興味をひきつけやすい題材で応用が可能

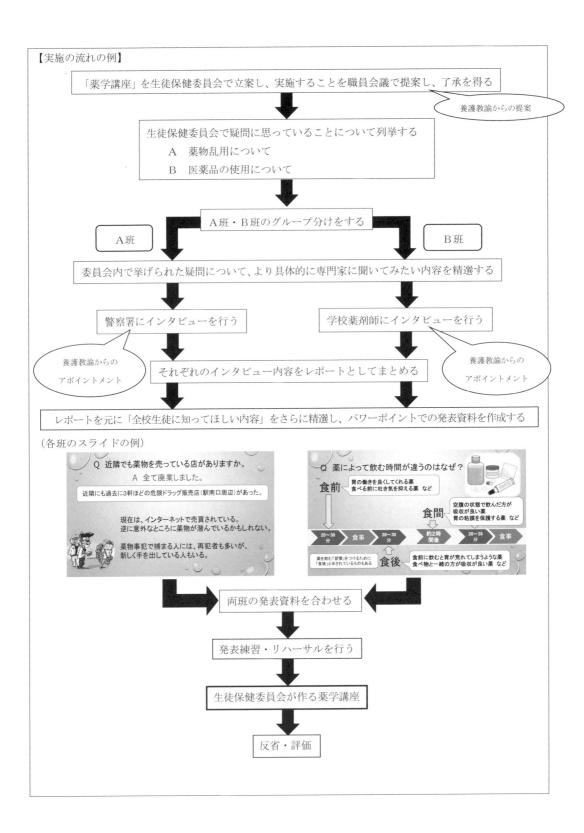

保健室経営

1 保健室経営　　No.1

学校保健年間計画作成と周知

1．作成した理由（作成したきっかけ）

　学校保健安全法第5条の学校保健計画の策定において、必ず盛り込むべき内容として、①健康診断、②環境衛生に規定された検査、③児童生徒に対する指導がある。これらを含めた学校保健計画を年度当初の職員会議において、全教職員への周知及び理解・協力が得られるよう、分かりやすいシンプルな年間計画（全体案）を作成したいと考え、本資料を作成した。また、生徒と学校保健計画の共有を図りたいという思いがあった。

2．本ワークシート（資料）の特徴と作成の根拠

- 学校保健目標を明記することで、1年を通しての目標が明確になる。
- 年度当初より日付を明確にしておくことで、学校保健に関する指導・管理に確実な日程確保が可能となる。
- 保健目標に対する具体的な手立てを保健指導・保健管理・組織活動等から確認することができ、管理職からの理解や職員の協力が得やすい。
- 学校医も一目で見て計画が分かり、協力が得やすい。
- 年度当初の職員会議において、各分掌での計画との整合性をもたせる日程調整ができる。

　関連法規
　○学校保健安全法第5条

3．アクティブな活用場面及び活用の際の工夫・留意点

- 常時、職員室・保健室に掲示することで職員への周知を図る。
- 学校医・保護者の協力を得る際に活用できる。
- 生徒保健委員会でも提示できる内容にすることで、委員会活動との連動が可能となる。

4．その他　学校保健年間計画の例（高校）

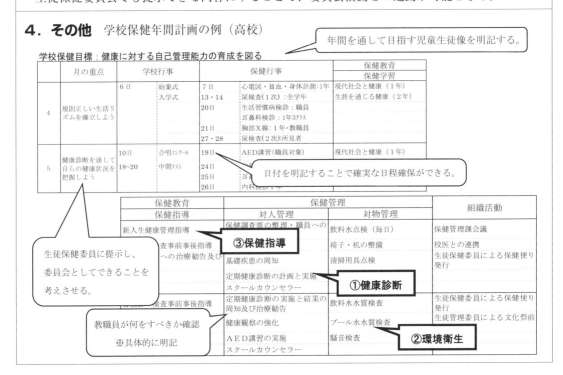

平成　年度　学校保健計画

※シートはA３で作られています

学校名

学校保健目標：

	月の重点	学校行事		保健行事		保健教育			保健管理			組織活動
						保健学習	保健指導		対人管理	保健管理	対物管理	
4			日		日							
5			日		日							
6			日		日							
7			日		日							
8			日		日							
9			日		日							
10			日		日							
11			日		日							
12			日		日							
1			日		日							
2			日		日							
3			日		日							

一目でわかる新たな時代の「保健室経営計画」の工夫

1．作成した理由（作成したきっかけ）

　保健室は学校保健活動のセンター的役割を担う（中央教育審議会答申・平成20年）とされた。また、学校保健安全法第7条では、「学校には、健康診断、健康相談、保健指導、救急処置その他の保健に関する措置を行うため、保健室を設けるものとする」と規定している。さらに、同法第9条では「養護教諭その他の職員は、相互に連携して、健康相談又は児童生徒等の健康状態の日常的な観察により、児童生徒等の心身の状況を把握し、健康上の問題があると認めるときは、遅滞なく、当該児童生徒等に対して必要な指導を行うとともに、必要に応じ、その保護者に対して必要な助言を行うものとする」と保健指導を規定している。これらを踏まえ、新たな時代の保健室経営計画の作成が求められている。

　公益財団法人日本学校保健会「保健室経営計画作成の手引（平成26年改訂）」には、「課題解決型」の保健室経営計画様式がある。本シートは、当該学校の保健室を全く知らない者が一見してその学校の保健室の全体像が見える「保健室経営計画」である。保健室は「チーム学校」の組織として、そこが担う課題や内容を「見える化」する必要がある。そこで、学期ごとに保健室の活動を振り返り（評価）改善するプロセスを経ることで保健室経営を改善していく。保健室経営において達成すべき課題を解決するための取り組みについても明示し、保健室の全体像を把握しつつ課題解決を図ることが見える様式とした。

2．本ワークシート（資料）の特徴と作成の根拠

・中央教育審議会答申（平成20年）にある保健室経営計画の定義を踏まえたこと。
・保健室は、学校教育法施行規則第1条に「学校には、その学校の目的を実現するために必要な校地、校舎、校具、運動場、図書館又は図書室、保健室その他の設備を設けなければならない」とあり、設置が義務付けられていること。
・保健室の設置に当たっては、小学校・中学校・高等学校・特別支援学校施設設備指針に具体的な指針が示されていること。

3．アクティブな活用場面及び活用の際の工夫・留意点

・年度当初の職員会議等での提案時に、保健室経営における危機管理の視点として「非常災害時における学校が避難所になった場合の保健室の在り方」「保健室登校に関する共通理解事項」について保健室経営計画に明確に提示し、教職員全体で共通理解を得ておく。
・「保健室経営計画」は「全体計画」と「保健室活動計画」として示し、「全体計画」には、保健室が一見してわかる内容を網羅したシートとし、「保健室活動計画」には「学期における保健室の活動」を保健管理的な活動、保健教育的な活動、保健センター的な活動、保健室の環境整備、組織活動の5つの視点で詳細な行動計画を作成するように工夫した。さらに各行動計画の内容について、4点：十分満足できる、3点：概ね満足できる、2点：努力を要する、1点：実施しない、の数値で評価し平均点をレーダーチャート化することで、次学期の活動の重点を明確化できるようにした。
・複数配置の場合も、保健室経営計画は各学校に1つ作成する。その際、養護教諭の氏名は連名で記す。
・単年度計画として作成する。

4．参考となる事項

・保健室経営計画と学校保健計画は、異なることを理解し作成することが重要である。
・保健室経営計画は、養護教諭が中心となって作成する。学校保健の領域において、養護教諭の職務の特質と保健室の機能を活かして関わることができる事項を計画的に示す。

誰もが「一見」して、その学校の「保健室がわかる」、「保健室経営計画」にしよう！

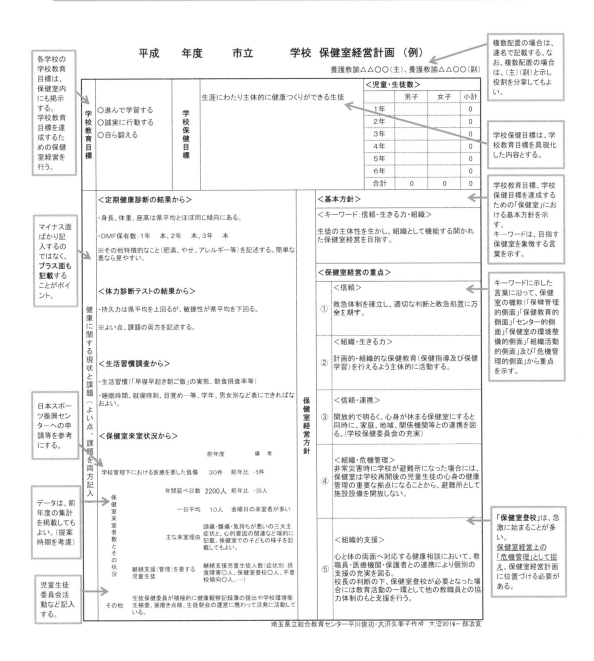

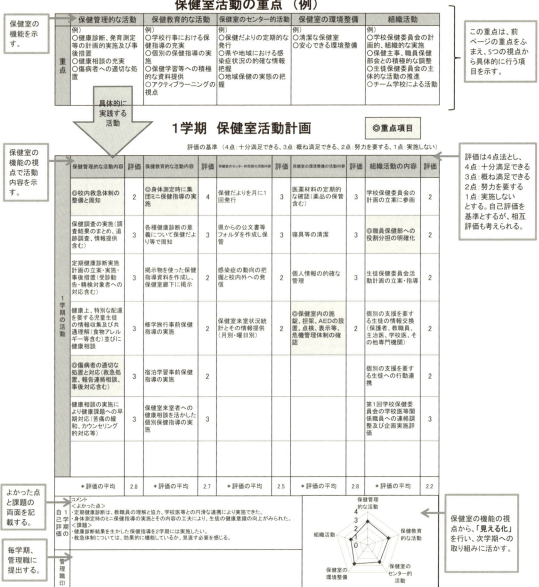

保健室活動の重点（例）

	保健管理的な活動	保健教育的な活動	保健室のセンター的活動	保健室の環境整備	組織活動
重点	例） ○健康診断、発育測定等の計画的実施及び事後措置 ○健康相談の充実 ○傷病者への適切な処置	例） ○学校行事における保健指導の充実 ○個別の保健指導の実施 ○保健学習等への積極的な資料提供 ○アクティブラーニングの視点	例） ○保健だよりの定期的な発行 ○県や地域における感染症状況の的確な情報把握 ○地域保健の実態の把握	例） ○清潔な保健室 ○安心できる環境整備	例） ○学校保健委員会の計画的、組織的な実施 ○保健主事、職員保健部会との積極的な調整 ○生徒保健委員会の主体的な活動の推進 ○チーム学校による活動

2学期 保健室活動計画

◎重点項目

評価の基準（4点：十分満足できる、3点：概ね満足できる、2点：努力を要する、1点：実施しない）

	保健管理的な活動内容	評価	保健教育的な活動内容	評価	保健室のセンター的役割の活動内容	評価	保健室の環境整備の活動内容	評価	組織活動の内容	評価
2学期の活動	夏休み中の健康調査の実施	4	◎薬物乱用防止教室の企画・実施・評価	4	保健だよりを月に1回の発行及び臨時号の発行	4	医薬材料の定期的な確認（薬品の保管含む）	3	◎生徒保健朝会の指導（生徒保健委員会）	4
	◎傷病者の適切な処置と対応	3	◎保健学習への資料提供及びTT協力（けがの防止）	3	県からの公文書等フォルダを作成し保管	3	寝具等の清潔	3	第2回学校保健委員会の企画立案実施	3
	体育祭、マラソン大会、部活動の大会前の健康調査と要観察者の状況把握と対応	3	保健室における継続支援者への個別の保健指導	4	感染症の動向の把握（感染性胃腸炎・インフルエンザ等）及び学校内外への発信	2	個人情報の的確な管理	3	薬物乱用防止教室の実施にあたり、学校薬剤師及び保健所と連携	3
	学校環境衛生検査の実施	3	保健室登校者への保健指導	2	◎保健室来室状況統計（月別・曜日別）の共有と発信	3			◎個別の支援を要する生徒の情報交換（保護者、教職員、主治医、学校医、その他専門機関）	2
	健康相談の実施（苦痛の緩和、カウンセリング的対応等）	2							個別の支援を要する生徒への行動連携	2
	教室のカーテン整備と管理	3							保健室登校者の教室復帰に向けた学年・学級との連携支援	2
	◎校内救急体制の整備と周知	3								
	＊評価の平均	3.0	＊評価の平均	3.3	＊評価の平均	3.0	＊評価の平均	3.0	＊評価の平均	2.7

自己評価	コメント ＜よかった点＞ ・保健教育的な活動、組織活動の充実が図られた。（特に薬物乱用防止教室） ・1学期に課題であった「救急体制の見直し」については、職員会議で提案し改善が図られた。 ＜課題＞ ・保健室にて継続支援をしている生徒の個別の支援について、担任、学年、生徒指導担当、教育相談担当、SC、主治医との情報の連携と行動の連携が必要となっている。ケース会議などの機会を設けられればよい。
管理職印	

埼玉県立総合教育センター平川俊功・大沼久美子作成　大沼2016一部改変

保健室活動の重点（例）

	保健管理的な活動	保健教育的な活動	保健室のセンター的活動	保健室の環境整備	組織活動
重点	例） ○健康診断、発育測定等の計画的実施及び事後措置 ○健康相談の充実 ○傷病者への適切な処置	例） ○学校行事における保健指導の充実 ○個別の保健指導の実施 ○保健学習等への積極的な資料提供 ○アクティブラーニングの視点	例） ○保健だよりの定期的発行 ○県や地域における感染症状況の的確な情報把握 ○地域保健の実態の把握	例） ○清潔な保健室 ○安心できる環境整備	例） ○学校保健委員会の計画的、組織的実施 ○保健主事、職員保健部会との積極的な調整 ○生徒保健委員会の主体的な活動の推進 ○チーム学校による活動

3学期　保健室活動計画

◎重点項目

評価の基準　（4点：十分満足できる、3点：概ね満足できる、2点：努力を要する、1点：実施しない）

	保健管理的な活動内容	評価	保健教育的な活動内容	評価	保健室のセンター的役割の活動内容	評価	保健室の環境整備の活動内容	評価	組織活動の内容	評価
3学期の活動	◎学校環境衛生検査（空気等）実施	4	◎学級活動における性教育の企画・実施・評価	4	保健だよりの月1回発行及び臨時号の発行	4	医薬材料の定期的な確認（薬品の保管含む）	3	第3回学校保健委員会の企画立案実施	4
	冬季休業中の健康調査	3	性教育（学級活動）の資料提供及びTTの参加	4	県からの公文書等フォルダを作成し保管（教職員のアクセスを可能にする）	3	寝具等の清潔	2	◎健康教育講演会の企画・実施・評価	4
	健康相談の実施（苦痛の緩和、カウンセリング的対応等）	3	インフルエンザ予防の保健指導	3	◎感染症の動向の把握（インフルエンザ）と学校内外への発信、情報収集		個人情報の的確な管理	4	個別の支援を要する生徒の情報交換（保護者、教職員、主治医、学校医、その他専門機関）	3
	◎健康観察の強化と欠席者・かぜ罹患状況調査	4	保健室来室者への個別の保健指導	4	保健室来室状況統計（月別・曜日別）の把握と発信	3	◎保健室内の空気管理	4	個別の支援を要する生徒への行動連携	3
									学校環境衛生検査に関わる学校薬剤師との連絡調整及び検査の実施及び報告	3
	＊評価の平均	3.5	＊評価の平均	3.8	＊評価の平均	3.5	＊評価の平均	3.3	＊評価の平均	3.4

自己評価

コメント
＜よかった点＞
・保健部が組織的に実施した性教育は、生徒の自己評価からもよかった。継続して実施していきたい。
＜課題＞
・保健管理的な活動の充実を図る必要がある。特に保健室の来室状況の発信を図ること、学校環境衛生検査については学校薬剤師との連絡をとり充実を図っていきたい。
・2学期課題であった個別の支援を必要とする生徒への対応について、ケース会議が開催され共通理解が図られたが、支援方針については明確でないので定期的に確認が必要と考える。

1学期、2学期、3学期を振り返って、次年度への展望を含め総括する資料とする。

管理職印

埼玉県立総合教育センター平川俊功・大沼久美子作成　大沼2016一部改変

No.3

新たな時代の保健室経営、複数対応記録表
～異なる課題をもった複数来室者への保健室における対応～

1．作成した理由（作成したきっかけ）

　近年、保健室で対応する子供の中で、メンタルヘルスの課題を抱えている場合が少なくない。頻回来室を伴う不定愁訴、不登校傾向、特別な支援を要する子供、いじめの対応等とケースも様々である。

　保健室経営計画を作成する際に、これらの子供たちへの対応の視点を持つことはこれからの保健室経営において不可欠と考え、子供向け資料として「保健室のきまり」、教職員への情報共有資料として「複数対応記録表」を作成した。

2．本ワークシート（資料）の特徴と作成の根拠

　本ワークシートは、保健室における、それぞれに課題のある複数来室者への対応を時系列で表し、養護教諭と他の職員との連携についても把握しやすいように工夫した記録表である。保健室経営計画へ盛り込む事はもちろん、日常の教職員への情報の共有としての資料としても役立つ。

【保健室における複数の子供への対応記録】

①横軸に「課題の異なった子供」「養護教諭」「担任」「管理職」それぞれの立場を置き、一日の学校生活を通した動きを示した。

②子供は、発達やメンタルヘルスに課題のあるケースと救急処置を必要とするケース・その他と分類した。

③養護教諭が保健室を空ける場合も想定した。

④学級担任やスクールカウンセラー、管理職がいつ、どのような関わりや連携がとれたかわかりやすくした。

⑤子供と学級担任（小学校）がわかるよう、矢印の模様を同じにした。

⑥保健室の様子や、課題のある子供の連絡の際に提示することで、保健室においてどのような関わりやどんな連携をしているのか、全体で周知することができる。

3．アクティブな活用場面及び活用の際の工夫・留意点

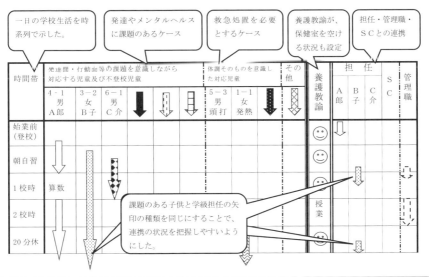

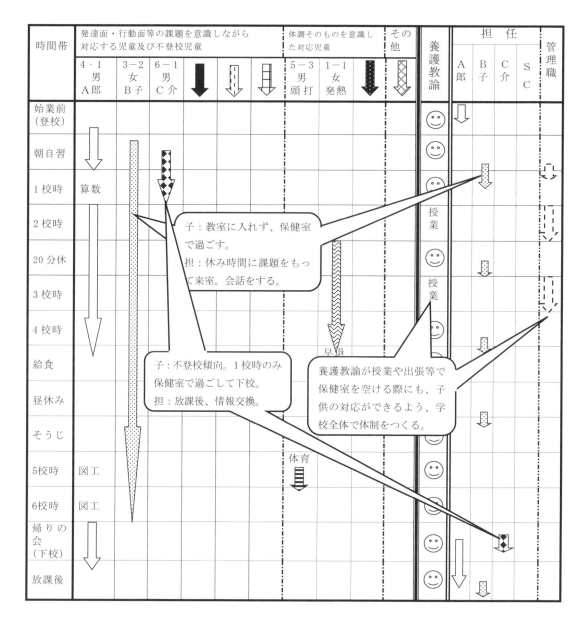

ワンポイントアドバイス

~保健室のきまり~　※パニックをおこした子供へのやくそく

1　ほけんしつのせんせいにあいさつをしましょう。(きもちがおちついてからでもいいですよ。)
2　ほけんしつにいる、じかんをきめましょう。(えんちょうしてもいいですよ。)
3　ほけんしつにいる、ばしょをきめましょう。(なるべく、そのばしょですごしましょう)
4　きょうしつにもどるときは、ほけんしつのせんせいに、つたえましょう。
5　もどったら、たんにんのせんせいにつたえましょう。

保健日誌の記録の工夫

1．作成した理由（作成したきっかけ）

　保健日誌は限られた範囲に保健室の状況や生徒の様子を記入し、それが校内で情報の共有化、また報告・連絡・相談へとつながっていく貴重な記録ツールである。

　生徒同士のけがで裁判になってしまった時、学校の記録として保健日誌の提出を求められた経験がある。保健室来室の時間、その時のけが等の状況、学校や養護教諭がとった具体的な対応を記載することが重要であることを痛感している。病院受診や重傷なけが等、第三者行為の場合は、一層、的確な記録が必要となる。そこで、保健日誌がいざという時に外部に示す資料になることも想定し作成した。

2．本ワークシート（資料）の特徴と作成の根拠

・日記のスペースを大きく取り、一日のできごと、実践の内容を詳しく記入できる。
・詳しく、わかりやすく記入することで、学校保健の確認事項はすべて保健日誌に記録できる。
・管理職や関係者との情報共有のツールともなる。
・一日の流れで記入し、養護教諭自身も一日の振り返りができる。

3．アクティブな活用場面及び活用の際の工夫・留意点

・保健日誌は、職員室の養護教諭の机上に置き、必要に応じて誰でも見ることができるようにする。
・養護教諭自身も日々の実践について、見直し、確認、課題の発見につながる。
・管理職への報告、連絡、相談ツールとして活用できる。管理職も保健日誌から生徒の心身の健康状態や学校生活の状況を把握したいと考えている場合が多く、学校経営へもつながる。
・わかりやすく、端的に記入する。時間などは正確に記録する。
・日々の保健室の「見える化」につながるようにする。
・異動時には前任者の保健日誌を参考に、保健室の状況や実践状況を把握できる。
・個人情報の取り扱いには十分注意する。
・記入については、忙しくてもその日のことはその日のうちに記録する。
・外部への公表を想定し、校内でのみ共有したい情報については、保健日誌に付箋で記すなどの工夫を行うことも考えられる。

4．ワークシート記入のポイント

・一日の流れを時系列で記入する。
・行事は保健関係のものだけでなく、それ以外についても記入しておく。

> けがの場合は、受診の有無に関わらずできるだけ詳しく記入する。
> いつ・どこで・だれが・どのようにして、どうなったのか、診断名や保護者への連絡内容や時間。

> ☆医療機関移送のケガ
> 1B　○○○○　右足首捻挫　×○整形外科へ搬送
> 15:15　清掃中B階段2階で、班の生徒(○○、○○)と追いかけっこをしていて階段を踏み外し、保健室へ来室。30分近く安静にして冷却したが、足を床に着くことができないので、副校長に報告し、相談の上、家庭に連絡して、タクシーを利用して×○整形外科を受診する。16:00 発 16:10 着。母親が×○整形に駆けつけてくださる。診断は右足首捻挫(全治1ヶ月)松葉杖使用。タクシーで母親とともに帰校。担任よりけが発生時の状況報告と関係者への指導の報告を母親にしてもらう。帰りにスポーツ振興センター「医療等の状況」を渡す。

> 迅速に的確な対応をしていただきありがとうございました。㊞森

・書ききれないことが多い場合は、週案や週計画記録などを活用することも方法のひとつである。

<参考文献>
○編集代表・三木とみ子：保健室経営マニュアル―その基本と実際、ぎょうせい、2008年4月

保健日誌

月　　　日 (　　　曜日)	天気	気温 ℃		校長印	記入者印

行事	欠席調査					
	事項　学年		1	2	3	全校
	欠席	病欠				
		事故欠				
	出席停止					
	忌引き					

日　記

（記入欄）

傷病の記録

学年組	氏　名	性別	傷病名	来室/退室 時刻	場所	原因	処置

確認事項（明日の予定・提出書類・依頼事項等）

養護教諭不在時の対応フローチャート

1．作成した理由（作成したきっかけ）

養護教諭は、出張等で保健室を空けざるを得ない場合がある。しかし、児童生徒の骨折や食物アレルギー等の大きなけがや体調の異変は、いつでも起こり得る。「養護教諭がいないときに限って大きなけがが…」という現場の声もよく耳にする。また、児童生徒の大きなけがや体調の異変時は、冷静な判断や対応を行う必要がある。そのような場面で「どの教職員」が「どのような役割」で「どのような対応」を行えばよいのかを明確化し、職員室や保健室に掲示する等の工夫が必要であると考え本資料を作成した。

2．本ワークシート（資料）の特徴と作成の根拠

- 「誰がみてもわかる」簡潔かつわかりやすいフローチャートを作成した。
- 内科・外科どちらの児童生徒においても対応できるように作成した。
- どの校種でもそのまま使用できるように作成した。
- 管理職が教職員に行う指示内容を具体的に示した。
- 当該児童生徒から教職員（大人）の目が離れないような対応図を作成した。

――― 関連法規等 ―――
○学校保健安全法第29条（危険等発生時対処要領の作成等）、○平成20年中央教育審議会答申「子どもの心身の健康を守り、安全・安心を確保するために学校全体としての取組を進めるための方策について」

3．アクティブな活用場面及び活用の際の工夫・留意点

- 第一発見者等は、近くの教職員や児童生徒に応援要請を依頼し、学級担任等や管理職を現場に呼んでもらうようにする。（当該児童生徒のけがや体調の急変に備え、現場を離れない。）
- 管理職による指示内容の項目については、優先順位ではなく各教職員の役割が同時に進んでいることを想定している。（特に保護者連絡については、迅速かつ丁寧な状況説明を行い、搬送等の確認・許可を得る。）
- 指示内容の優先順位、追加等については、現場の状況に応じて管理職の指示に従うこと。
- 年度初めの職員会議や校内研修の際に教職員への周知を行い、共通理解を図る。
- 「緊急連絡カード」（色つき・名札サイズ）を作成し、教職員の首から提げる名札ケースに入れてもらう。（「緊急連絡カード」には、「職員室の先生を呼んでください」等と表記しておく。第一発見者となった場合は、近くの教職員や児童生徒に「緊急連絡カード」を渡し、応援要請を依頼する。）
- 管理職から教職員への役割分担・指示を円滑に行うために、あらかじめ「役割分担カード」を作成しておく。また、「役割分担カード」を入れた封筒やクリアフォルダを対応フローチャートの横に掲示しておく。

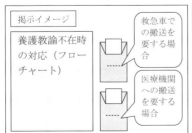
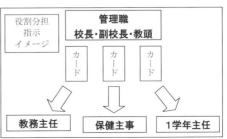

4．活用のポイント

年度初めの職員会議等で教職員への周知を行い、共通理解を図っておく。

養護教諭不在時の対応マニュアル

○○○立○○○学校

第一発見者等は、近くの教職員や児童生徒に「緊急連絡カード」を渡し、学級担任や部活動顧問、管理職を現場に呼んでもらう。学級担任や部活動顧問に引き継ぐまでは現場を離れない。

児童生徒のけが・体調の異変

※緊急時以外は、職員室の救急箱で処置・検温等を行うことを基本とする。また、首から上のけがは、必ず管理職への報告と保護者連絡を行う。

教職員（大人）が当該児童生徒から離れることがないようにする。

近くの教職員や児童生徒に応援要請を依頼し、現場を離れない。

第一発見者又は児童生徒から最初に報告を受けた教職員

→報告→ 学級担任・部活動顧問

引き継ぎ後、当該児童生徒から離れない・目を離さない。

→報告→ 管理職 校長・副校長・教頭

現状報告

→校内放送等で召集→ 教務主任　主幹教諭　保健主事　学年主任　栄養職員　等

現場に集合

現場にて **役割分担・指示**

管理職が行う役割分担・指示内容を具体的に示しておく。
管理職は、役割分担・指示を行う際に「役割分担カード」を教職員に渡す。

管理職による指示内容の項目については、優先順位ではなく各教職員の役割が同時に進んでいることを想定する。（特に保護者連絡については、迅速かつ丁寧な状況説明を行い、搬送等の確認・許可を得ること。）

【救急車での搬送を要する場合】【医療機関への搬送を要する場合】

保健主事は、率先して救急処置を行う。

- □ 119通報
- □ AEDの準備
- □ 救急車の誘導
- □ 医療機関の確認・連絡
- □ タクシーの要請
- □ タクシーチケットの準備
- □ 保護者連絡
- □ 記録
- □ 保健調査票の準備
- □ 当該児童生徒の引率
- □ 当該学級・部活動の児童生徒への対応
- □ その他職員への情報提供
- 等

※学級担任・部活動顧問は、当該児童生徒の観察・声がけを続ける。

指示内容の優先順位、追加等については、現場の状況に応じて管理職の指示に従う。

→報告→

医療機関 ←必要に応じて急行― 管理職 校長・副校長・教頭 ―報告→ 教育委員会

※養護教諭不在時でも円滑に緊急時の対応が行えるようにあらかじめ「緊急連絡カード」（色つき・名札サイズ）や「役割分担カード」を作成しておく。（雨天時、プール使用時等を考慮し、ラミネート加工を行うとよい。）

2 ヒヤリ・ハット

No.1

ヒヤリ・ハット振り返りシート（省察・熟考し学び合おう！）

1．作成した理由（作成したきっかけ）

　医療や看護等の分野ではヒヤリ・ハット情報収集システムやその分析や未然防止策の研究が多くある。教育現場においてもヒヤリ・ハット事例の収集や情報共有の重要性が認知されつつある。都道府県や政令指定都市レベルでは、特別支援学校における医療的ケアに関わるヒヤリ・ハット事例を集めたり、食物アレルギーのヒヤリ・ハット事例集を作成するなどして、事故防止に一役買っている。

　養護教諭ヒヤリ・ハット研究会による調査結果では、97.7％の養護教諭が養護実践においてヒヤリ・ハットを経験していることがわかっている。そこで、誰もが経験しているヒヤリ・ハット事例を単なる個人の経験に留めず、今後同様の経験を他者が繰り返さないために、また、自身の省察とよりよい実践につなげるためのヒヤリ・ハット振り返りシートを作成することとした。

2．本ワークシート（資料）の特徴と作成の根拠

　文部科学省は、児童生徒等の安全の確保のため、学校管理下の事故や学校給食における食物アレルギー事故等を未然に防ぐことができるよう、また事故発生時には適切な対応がとれるよう「学校事故対応に関する指針」の通知を公表した。その中で、独立行政法人日本スポーツ振興センターの「学校事故事例検索データベース」等を活用し、事故事例の収集を行うと共に、ヒヤリ・ハット事例についても教職員間で共有し、事故の未然防止に努めることが記されている。都道府県単位、教育委員会単位で作成している対応の手引きにも、ヒヤリ・ハット事例集が記載されている。ヒヤリ・ハット事例は、事故発生の未然防止のための取組みの一つとなっている。

　このヒヤリ・ハット振り返りシートは、「学年・性別」「いつ」「どこで」「何が」「どのように」「どうなったか」という事例の要旨、「ヒヤリ・ハットした事実」「事例の背景要因」「事例からの学びや教訓」を記入することによって、自分自身のヒヤリ・ハット経験の省察へと結びつき、重大な事故の未然防止につながることをねらっている。

――― 関連法規等 ―――
○「学校事故対応に関する指針」の公表について（通知）（文部科学省・平成28年3月）、○独立行政法人日本スポーツ振興センター「学校事故事例検索データベース」、○さいたま市教育委員会「学校給食における食物アレルギーの対応の手引き【改訂版】」（平成26年3月）

3．アクティブな活用場面及び活用の際の工夫・留意点

・振り返りシートに記入したヒヤリ・ハット事例をもとに、研修会でグループワーク等を実施することができる。
・自分自身の経験と省察を多くの養護教諭と共有することで、より多くのヒヤリ・ハット事例を収集することとなる。これにより、事例を疑似体験でき、事故防止能力を豊かにし、危機管理意識の向上が図られる。
・ヒヤリ・ハット事例で、「なぜ重大な事故に至らなかったのか」その理由や状況を検討することも事故の未然防止策につながる。

＜参考文献＞
○養護教諭ヒヤリ・ハット研究会：養護教諭のヒヤリ・ハット実態調査、2008年8月
○養護教諭ヒヤリ・ハット研究会：事例から学ぶ「養護教諭のヒヤリ・ハット」、ぎょうせい、2012年3月
○養護教諭ヒヤリ・ハット研究会：事例から学ぶ「養護教諭のヒヤリ・ハット―アレルギー編」、ぎょうせい、2015年6月
○道上恵美子：女子栄養大学大学院修士課程論文「外科的救急処置におけるヒヤリ・ハット」、2010年3月

記入例

ヒヤリ・ハット振り返りシート

学校種・学年	性別
小学校・中学校・高学校　　年生	男・女

> 該当を○や□で囲む。
> 学年は、数字を記入する。

Episode　―事例の要旨―

いつ	2016年　5月　10日　13時　10分頃 （給食後の昼休み）
どこで	教室（問診後「校庭」とわかる）
何が	気分が悪い
どのように	給食を食べていたら気分が悪くなったとの訴え
どうなった	来室時には、顔色不良、冷汗、吐き気があり、保健室で経過を見ていたが、汗を拭いた際に側頭部にこぶを見つけた。丁寧に問診をしなおしたところ、高学年男子に肩車をしてもらっていたら落下して地面に頭を強く打ったことがわかった。実は、高学年男子に口止めをされていたため、頭を打ったことをひた隠しにしていた。

> 事例の要旨を簡単に記入する。
> 詳細な時間及び場面、
> 発生場所、
> 異常を起こした状態、
> 発生経緯、
> 転帰、などについて記入する。

Hiyari・Hat　―ヒヤッとしたり、ハッとしたことは何？―

頭部打撲をしていたことがわかり、ヒヤリとした。

> 何にヒヤリ・ハットしたのか、ヒヤリ・ハットした事実について明確にし、記入する。

Cause　―どうして起きたのか？背景要因―

※①～⑦の背景要因カテゴリーで該当する番号を記入
①アセスメント　②判断　③指導・対応　④準備・後始末　⑤情報管理　⑥体制管理　⑦連携

背景要因	背景要因番号
子供が話すことだけを聞いて、給食が原因ではないかと思い込み対応をした。	①
症状が出た時の詳しい状況を担任や他の子供たちに確認をしていなかった。	⑤　⑦
低学年の場合は、訴えと症状が結びつかない場合があることを想定していなかった。	②

> どうしてこのような事態が起きたのかを振り返り、記載する。

> 背景要因について、①～⑦のカテゴリーに該当するものがあれば、番号を記入する。

Learning　―事例からの学びや教訓―

（1）小学生、特に低学年の子供は言語化しての説明が難しいため、体調不良に至るまでやけがをした時の状況を順序だてて話せるよう、言葉を補いながら問診をして、受傷機転を明確にする。
（2）不自然な傷や症状、つじつまの合わない状況等、おかしいと判断した際は、頭からつま先までのアセスメントが重要である。
（3）体調不良の前の様子（何をやっていたかなど）を、本人からだけでなく、担任や周囲の子供から情報を集めることが役立つ場合もある。

> この事例から学んだことを箇条書きで記入する。
> また、このようなことを起こさないようにするための方策を考え、記入する。

保健組織活動

1　校内研修　　　　　　　　　　　　　　　　　　　　　　　　　　　　　　No.1

「万が一」の時のために
～教職員を対象とした危機管理想定訓練～

1．作成した理由（作成したきっかけ）

　学校には様々な危機が想定される。養護教諭は、その専門性や保健室の機能を活かし予防的側面、対応的側面において重要な役割を果たしている。また平成21年、学校保健安全法の施行に伴い、危機管理の視点を明確に位置付けた保健室経営が、より一層必要であると考えられる。また、どの学校でも、災害や事故発生時における職員連絡体制を整備し、教職員研修を行っている。

　そこで今回は、万が一の際、より迅速かつ適切に対応することができるよう、架空事例を用いた具体的な想定訓練教職員研修プランを作成した。

2．本資料の特徴と作成の根拠

・想定訓練の流れや架空事例を提示し、各校の課題や研修対象者、研修時間に応じた想定訓練ができる。
・企画委員会や職員会議提案資料の例を挙げ、必要時すぐに提案できる。
・想定訓練時の観察や振り返り資料を提示し、各校の課題改善に向けた取組みへとつなげることができる。

──関連法規等──
○学校保健安全法第10条（地域の医療機関等との連携）、第26条（学校安全に関する学校の設置者の責務）、第27条（学校安全計画の策定等）、第29条（危険等発生時対処要領の作成等）、第30条（地域の関係機関等との連携）、○中央教育審議会答申（平成20年1月）、○JRC蘇生ガイドライン2015

3．アクティブな活用場面及び活用の際の工夫・留意点

(1) 想定訓練について

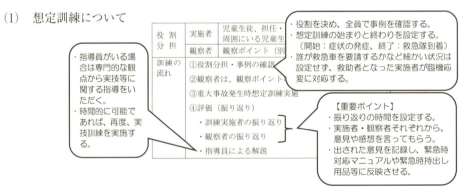

・指導員がいる場合は専門的な観点から実技等に関する指導をいただく。
・時間的に可能であれば、再度、実技訓練を実施する。

・役割を決め、全員で事例を確認する。
・想定訓練の始まりと終わりを設定する。（開始：症状の発症、終了：救急隊到着）
・誰が救急車を要請するかなど細かい状況は設定せず、救助者となった実施者が臨機応変に対応する。

【重要ポイント】
・振り返りの時間を設定する。
・実施者・観察者それぞれから、意見や感想を言ってもらう。
・出された意見を記録し、緊急時対応マニュアルや緊急時持出し用品等に反映させる。

(2) 緊急時対応カードの工夫（パウチしてリングで留めて教室等に設置。緊急時には、1枚1枚はずして近くにいる教職員や児童生徒に渡せる「SOSカード」として活用が可能）

←メモ用紙をつける

メモ用紙の裏には、↑エンピツをつける

（出典：埼玉県所沢市立三ケ島小学校「緊急対応カード（ASUKAモデル参照）」）

4．活用のポイント

(1) 職員会議提案資料（例）

平成〇〇年度　〇〇中学校教職員研修　　「危機管理想定訓練研修会」（案）

〇〇立〇〇中学校　保健部・安全部

1　目的　万が一、事件・事故が発生した場合に迅速かつ適切に対応するため、架空事例を基に重大事故発生時の具体的な想定訓練を実施する。

2　日時　平成〇〇年〇〇月〇〇日（　）　午後1時30分～3時30分

3　場所　〇〇立〇〇中学校　武道場

4　講師　〇〇消防署の皆様（応急手当普及員認定を受けている教職員などでも可）

5　研修内容（案）①研修目的の確認（5分）・・・安全主任（　　　）
　　　　　　　　②救急入門コース（90分）・・・〇〇消防署
　　　　　　　　③重大事故発生時想定訓練（20分）・・・安全主任（　　　）

> エピペン®を想定した訓練では、エピペン®の取り扱いを事前に取り入れ、確認する。

役割分担	実施者	児童生徒、担任・教科担任、管理職、養護教諭、周囲にいる児童生徒、応援教職員
	観察者	観察ポイント（別紙参照）
訓練の流れ		①役割分担・事例の確認 ②観察者は、観察ポイントの確認 ③重大事故発生時想定訓練実施 ④評価（振り返り） ・訓練実施者の振り返り ・観察者の振り返り ・指導員による解説

　　　　　　　　　事例（　次々ページ参照　）

　　　　　　　　④研修のまとめ（5分）・・・保健主事（　　　）

6　分担　研修会企画・運営（保健部、安全部：　　　　）
　　　　　会場設営（安全部：　　　　）
　　　　　渉外（教頭、保健主事：　　　　）

7　準備するもの

救急救命講習	担当	チェック	救急救命講習	担当	チェック
講師用　駐車場			◆マット×5		
講師用　スリッパ			◆胸骨圧迫用人形		
講師用　湯茶・おしぼり			◆訓練用AED		
PC			◆アルコール綿		
プロジェクター・台			◆エピペン®トレーナー		
スクリーン					

◆：必要に応じて

想定訓練	担当	チェック	想定訓練	担当	チェック
役割分担カード			振り返りシート		
事例表示					
観察ポイント視点一覧表					

8　振り返りシート

危機管理想定訓練振り返りシート　　氏名（　　　　　）役割（　　　　）
1．実施してみて思ったこと、感じたこと（　　　　　　　　　　）
2．観察していて思ったこと、感じたこと（　　　　　　　　　　）
3．本校の課題と、その解決策（　　　　　　　　　　）

9　連絡先　〇〇立〇〇中学校　教頭　〇〇　　TEL〇〇〇〇－〇〇〇〇

(2) 観察ポイント一覧表（例）

【緊急時の対応全般（救急車要請含む）】

◆第一発見者	○・△
傷病者の反応を確認したか（耳元で声をかける・肩を軽くたたくなど）	
応援者を要請したか	
救急車を要請したか	
AEDを要請したか	
心肺蘇生を含む応急手当てを行ったり、傷病者の観察を続けているか	

◆応援者の対応	○・△
指示系統は、一本化されているか（管理職などリーダーの指示で動いているか）	
周囲の児童生徒を適切な場所に移動させたか	
救急車誘導の人員確保や、正門の解錠を行ったか	
保護者への連絡を行っているか	
胸骨圧迫や人工呼吸の交代要員に適切に指示を出したか	
消防署の通信指令員の口頭指示に従って、心肺蘇生を継続して行っているか	
記録を時系列で行っているか（状態や、胸骨圧迫、AEDの使用の時刻など）	

◆救命処置の手順		○・△
呼吸の確認をしたか（１０秒以内、目で腹部や胸の動きを観察、判断に迷ったら胸骨圧迫など）		
胸骨圧迫は正しくできているか	胸の真ん中を垂直に	
	深さ５～６cm	
	１００～１２０回／分	
	押したらしっかりと胸を元の位置に戻す	
	胸骨圧迫の中断を最小限にしているか	

◆AEDの取り扱い	○・△
傷病者の近くに置き、電源を入れたか	
電極パッドを適切な位置に貼ったか（胸部の濡れ、添付物など）	
解析中、ショックボタンを押すときに、周囲の人を遠ざけたか	
電気ショック後、ただちに胸骨圧迫を再開したか	

◆救急車要請	（通信指令員）	（通報者）	○・△
	火事か・救急か	救急です	
	場所	住所　〇〇市〇〇町１－２－３ 目印　〇〇〇立〇〇学校　です	
	誰が、どうしたか	年齢・性別・具体的な状況（走っていて急に倒れた）・現状（意識がない、反応がない）など	
	口頭指示	口頭指示に従い、応急手当てを実施しているか	

【食物アレルギーによるアナフィラキシー発症（エピペン®）】

◆エピペン®の使用	○・△
緊急性の高いアレルギー症状であるかを確認しているか	
緊急時対応表（エピペン®を打つタイミングや、緊急連絡先など、対象となる児童生徒の緊急時の対応が明記されている表）が用意されていたか	
エピペン®の準備はしてあるか	
エピペン®の取り扱い方法は適切か（持ち方、大腿部外側、垂直、カチッと音がするまで、５秒）	
エピペン®を救急隊員に渡したか	

＊その他、熱中症・脳貧血・頭部打撲・開放骨折など、学校で起こりうる傷病や、不審者対応などを想定し、観察ポイントをあげておく。

(3) 想定事例（例）

【長距離走】

- 傷病者　中学校２年生、男子、半そで短パンの体育着、既往症無し。
- 時　間　５月の保健体育の授業中、１５００メートルのタイムを計っていた。
- 状　況　３００メートルのトラックを５周走り終わったところ、胸を押さえながら前方に転倒。保健体育教諭は、ゴール付近にいたが、別方向を見ていたため、倒れるところを目撃していない。ゴールでタイムを計っていた見学生徒が大声を上げる。
- 条　件　校庭には、他に７０名の生徒。保健体育教諭２名。他の教職員は校舎内。AEDは、２階職員玄関。

【プール指導中】

- 傷病者　小学校３年生、女子、水着、既往症無し。
- 時　間　７月の体育の授業中、プールに入っていた。
- 状　況　水泳の授業中、左側のプールサイドに並んでいた児童が一斉に「け伸び」をした。息が続かなくなりプール中央で立ち上がった児童が、隣にいるはずの女児が見当たらないため周囲を見ると、水面に顔をつけたままの女児を発見した。右側のプールサイドにいた他クラスの担任が異変に気がついた。
- 条　件　プールには、他に６０名の児童。担任２名と介助員１名。他の教職員は校舎内。AEDは、プールサイド。職員室に繋がる内線電話がある。

【食物依存性運動誘発アナフィラキシー（エピペン®）】

- 傷病者　高等学校１年生、男子、長袖長ズボンのウィンドブレーカー。小麦アレルギー。
- 時　間　冬休みの部活動。昼食後にテニスの試合を行った。
- 状　況　その日は一日練習だったため、弁当を持参して部活動に臨んでいた。友人の弁当に鶏のから揚げ（実は、鶏の天ぷら）が入っていたため一つもらって食べた。昼食後、テニスの試合をしていたら、じんましんと咳が出始め、腹痛を顧問に訴えた。
- 条　件　校舎から離れたテニスコートにて発生。エピペン®は部室においてあるカバンの中、AEDは校舎１階職員玄関。他の部員１５名。テニスコートにいた教職員は顧問１名で、この顧問のみ携帯電話を所持していた。

【熱中症】

- 傷病者　中学校３年生、女子、剣道着、既往症無し。
- 時　間　７月上旬の放課後、部活動（剣道部）の練習中。
- 状　況　期末テスト最終日の放課後、部活動時、剣道着で試合形式の練習を行っていた。その日は梅雨の晴れ間で気温が急に上昇した。女子生徒は、期末テスト勉強のため、前日はほとんど睡眠をとっていなかった。試合中、急にふらつき、前方に倒れた。
- 条　件　審判をしていた顧問が異変に気づく。体育館の隣のフロアでは、バスケットボール部が活動中。教職員は、両部活の顧問２名。他の生徒は、５０名。職員室に繋がる内線電話がある。

＜参考文献＞

○応急手当指導者標準テキスト改訂委員会：応急手当指導者標準テキスト：ガイドライン2010対応　第４版３刷、東京法令出版、2012年８月
○日本蘇生協議会：「JRC蘇生ガイドライン2015」オンライン版2016年最終版、2016年４月
○文部科学省：学校におけるアレルギー疾患対応資料、2015年３月
○さいたま市教育委員会：体育活動時等における事故対応テキスト〜ASUKAモデル〜解説、2014年１月
○編集代表・三木とみ子：四訂　養護概説、ぎょうせい、2009年４月
○編集代表・三木とみ子：改訂　保健室経営マニュアル―その基本と実際、ぎょうせい、2012年４月

No.2

食物アレルギー対応校内研修の実際（自校の実態に即した対応の検討）

1．作成した理由（作成したきっかけ）

　学校のアレルギー疾患に対する取り組みガイドライン（財団法人日本学校保健会発行・文部科学省学校健康教育課監修　平成20年3月）や学校における食物アレルギー対応指針（文部科学省　平成27年3月）が発行され、また、国や各都道府県などでも食物アレルギーに関する研修会が開催されるなど、養護教諭を始め、子供の健康に関わる立場の教職員の意識は向上している。しかしながら、一般の教職員については、対応に経験がある教諭とそうでない教諭、校内研修を実施したことのある教諭とそうでない教諭で、認識に差があることは否めない。管理職や関係教職員は言うまでもなく、全教職員で共通理解をはかり校内体制を整え、いざという時に備える必要がある。

　そこで、養護教諭の専門性を発揮し、限られた時間を有効に使用できる校内研修プログラムを作成した。

2．本ワークシート（資料）の特徴と作成の根拠

・校内研修で実施する。（所要時間40分から60分程度）
・参加する教職員の事前の知識や技術は問わない。

　――関連法規等――
　○学校のアレルギー疾患に対する取り組みガイドライン（財団法人日本学校保健会発行／文部科学省学校健康教育課監修・平成20年3月）、○学校給食における食物アレルギー対応指針（文部科学省・平成27年3月）、○医師法第17条、民法第698条、刑法第37条、○学校保健安全法第5条（学校保健計画の策定等）、第7条（保健室）、第8条（健康相談）、第9条（保健指導）、第10条（地域の医療機関等との連携）

3．アクティブな活用場面及び活用の際の工夫・留意点

・思考ツールは、ダイヤモンドランキングをアレンジしたピラミッドランキングを使う。順位付けの理由や根拠を大切にする。本ワークシートは最も重要だと思うことについて記述する。
・アレルギーについて初めて研修する学校や対応の経験がない場合は、事例を通して課題や問題点を発見し、学びを深める。
・アクティブ・ラーニングの後は、必ず指導者（養護教諭等）がまとめを行う。内容は、研修時間や各学校の実態に応じて選択をする。

4．思考ツールの活用

ピラミッドランキング
（ダイヤモンドランキングアレンジ）
　ダイヤモンドランキングは複数の選択肢を最優先事項から順に階層化していく思考ツールである。
　ダイヤモンドランキングは下位の対応を1つに絞る必要があるが、アレルギーの対応については、実態に応じて重要度に違いは出るものの、挙げられた項目はすべて重要ととらえるためピラミッドランキング（ダイヤモンドランキングのアレンジ）を採用。

○○○学校校内研修
○年○月○日実施

【○○○学校における食物アレルギーの対応の検討】

1 食物アレルギー事例
　次の食物アレルギーに関係する事例を読んでください。

> ※アレルギーについて、対応の経験がある学校や過去に校内研修を行ったことがある場合は、事例を使用しなくても構いません。
>
> ※事例については次ページの事例から各校の実態に合わせて選択して以下に挿入してください。また、提示したい事例がある場合は、その事例を挿入してください。

2 「**食物アレルギーの対応として重要なこと**」を挙げてください。
　①用意した付箋に６つ以上書き出します。
　②事例に書いてある事実の他、日常の管理や校内の体制等、表面には出ていないことを挙げても構いません。事例の背景を想像して書いても構いません。
　③自分自身の対応だけでなく、管理職・担任・顧問・養護教諭・学校栄養職員・栄養教諭などの教職員、保護者、本人、他の児童生徒、医療機関等の対応や課題を書き出してください。

3 「**本校の食物アレルギー対応として重要なこと**」を作成した付箋の中から６つ選びます。
　図のように、順位付けをして付箋を並べます。（ダイヤモンドランキング・ピラミッド型）

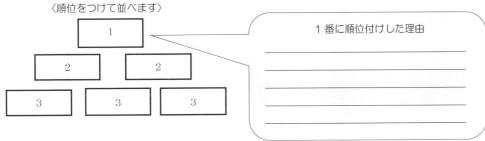

4 メモ（グループの意見や新たな自分の考え等）

校内研修

参考事例と事例の解説に必要な知識

参考事例1

　中学2年生になるときに転校してきた生徒でした。幼少期から小麦粉のアレルギーがあり、病院を受診していました。少しずつ食べられるようにはなってきていましたが、食物依存性運動誘発のアナフィラキシーショックを起こすということでエピペン®を処方されていました。給食では代替食の対応をしたり、家庭から弁当を持参するなどしたりして、無事に一年が経過しようとしていました。ある日、管理職、担任、養護教諭、学校栄養職員、保護者の5者で次年度の対応の確認をしていたときでした。養護教諭が「学校では特に症状がでることはなかったようですが、いかがでしたか？」というと保護者が「実は・・・」と部活動のときにお土産でもらったクッキーを食べてしまい、帰宅中にじんましんやのどの違和感などの症状がでてしまった。帰宅後、慌てて薬を飲み、すぐにかかりつけ医を受診したと報告を受けました。事故があったその翌日も本人からも申し出はなく、健康観察簿にも特別な記述はありませんでした。そのため、担任も養護教諭も全く気がつきませんでした。

☆対応の基礎理解、健康相談や保健指導に必要な知識として次のようなことが考えられます☆

チェック　食物依存性運動誘発アナフィラキシーショックについて

　運動と原因物質の組み合わせにより、初めて発症が誘発されます。運動前の4時間以内は原因物質の食べ物をさけましょう。また、原因物質を食べたあとは4時間は運動をやめましょう。多くの場合は原因物質の接種後2時間以内で発症するとされていますが、確実に発症を抑えるためには、4時間くらい空けましょう。運動時間にあわせて食事内容の計画を立てましょう。

参考文献）学校のアレルギー疾患に対する取り組みガイドライン、財団法人　日本学校保健会、平成20年3月

参考事例2

　学級担任が給食終了後「サバを食べてしまいました。」と小学6年生の児童を連れて保健室へ飛び込んできました。ハッとしました。サバ等の食物アレルギーのため給食で対応している児童でした。本人は「大丈夫」と言って身体症状には特に変化は見られませんでした。「今日はどうしてサバを食べてしまったの？サバだとわからなかった？」と聞くと「お母さんが、朝用意をしてくれなかったから今日の給食は大丈夫だと思って・・・、サケだと思って全部食べてしまいました。」養護教諭がすぐに保護者に電話をしたところ、小さい頃いろいろなアレルギーがあったので、念のため、アレルギーになりやすいサバを除去していたということでした。
　最近は病院での検査を受けておらず、念のためという思いで、さまざまな食品の除去について学校に申し出をしていたようです。

☆対応の基礎理解、健康相談や保健指導に必要な知識として次のようなことが考えられます☆

チェック　食物経口負荷試験について

　食物経口負荷試験（oral food challenge test, OFC）は、食物アレルギーの最も確実な診断法であり、確定診断（原因アレルゲンの同定）、および耐性獲得の確認を目的として実施する。誤食時のリスク評価や安全摂取可能量を決める目的で実施される場合もあるが、アナフィラキシーのような重篤な症状が誘発される恐れがあるので専門施設で行われることが望ましい。実施の目安は以下の通りである。
　〇抗原特異的IgE抗体陽性の食物を初めて食べてみたい。
　〇明らかな誘発症状を経験してから1年以上経過している。
　〇抗原特異的IgE抗体価が明らかに低下傾向を示す。（必ずしも陰性化する必要はない）
　〇誤飲しても症状が出ない経験をした。
　〇入園・入学を控えて正確な診断をしたい。
　〇食物経口負荷試験を実施したときは、学校に結果等を知らせてください。

◯指導者のまとめ（例）

各学校の実態に合わせて、以下の内容例を参考に指導者のまとめを行う。
まとめの内容は、これまでの校内研修の回数や内容、対応対象となる児童の有無や研修時間によって選択する。

〈日常の管理〉
1）食物アレルギーに対する基礎知識（食物アレルギーとは、アナフィラキシーとは、エピペン®とは、など）
2）マニュアルの作成と共通理解
3）学校内外の連携体制・救急体制の整備
4）学校生活管理指導表について
5）個別の取組プランの作成
6）計画的な健康相談及び個別の保健指導
7）アレルギー自己予防のための集団の保健指導（対象者がいる場合は要配慮）
8）健康観察の基本の徹底
9）対応するべき対象者がいる場合、本人や保護者の同意のもとに図る関係職員の共通理解（学校生活管理指導表や個別の取組プランを使った具体的な役割分担や対応について確認する）

〈危機時の対応と役割分担〉

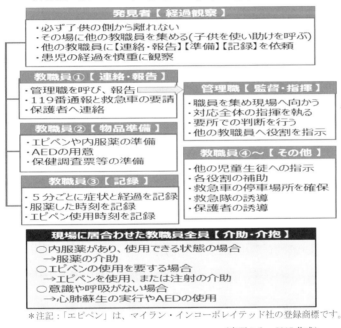

＊注記：「エピペン」は、マイラン・インコーポレイテッド社の登録商標です。

（安西ふみ、2015 作成）

<参考文献>
◯独立行政法人環境再生保全機構・宇理須厚雄監修：よくわかる食物アレルギーの基礎知識2012年版、2013年7月
◯文部科学省スポーツ・青少年局学校健康教育課：学校のアレルギー疾患に対する取り組みガイドライン、財団法人日本学校保健会、2008年3月
◯文部科学省：学校給食における食物アレルギー対応指針、2015年3月
◯養護教諭ヒヤリハット研究会 代表 三木とみ子：事例から学ぶ「養護教諭のヒヤリ・ハット」アレルギー編、ぎょうせい、2015年6月
◯田村学、黒上晴夫：こうすれば考える力がつく！中学校 思考ツール、小学館、2016年3月

2　教員対象　No.1

教員のメンタルヘルス～心の健康を保つための校内研修～

1．作成した理由（作成したきっかけ）

　労働安全衛生法に基づくストレスチェック制度（平成27年12月1日施行）の実施が義務付けられた。その目的は労働者のメンタルヘルス不調の未然防止（一次予防）である。メンタルヘルスの対策では予防の視点が欠かせない。また、メンタルヘルスの不調は、医療の観点からみても早期発見・早期対応が重要だが、気づきにくく、生活に支障がでてからどのようにしたらよいか困惑する人も少なくない。

　そこで、一次予防の視点からクラゲチャート（思考ツール）を活用し、校内研修で実施することとした。

（参考データ） 人事行政調査（文部科学省　平成25年）では、精神疾患で休職している公立学校教職員は平成25年には5,078人と平成19年以降高水準が続いており、学校現場では喫緊の課題のひとつである。

2．本ワークシートの特徴と作成の根拠

・校内研修等の時間15分～20分で実施可能。クラゲチャート（思考ツール）を活用する。
・必要に応じてメンタルヘルスに関する知識の講義等を追加することもできる。
・クラゲチャートの特徴：理由を明らかにして考えるときに活用する。原因と結果に分けて考えたり、対象に対する価値の根拠を明確にしたりして考えるときに使うことができる。ここでは後者があてはまる。
・アクティブ・ラーニングの手法を取り入れることで自らを振り返り、考えを深めたり、広げたりする。

関連法規
○労働安全衛生法、○労働安全衛生法施行規則、○学校保健安全法第15条、第16条（職員の健康診断）、○健康増進法

3．アクティブな活用場面及び活用の際の工夫・留意点

・メンタルヘルスに課題がある人については、事前に校内研修の内容を伝えたり、演習中の健康観察を行ったりするなど負担なく参加できるように配慮する。
・研修前にメンタルヘルスの不調について、以下の点は抑えておくとよい。
　①誰でも起こる可能性がある、②予防が大切、③気づきにくいことがあるが、早期発見・早期対応が重要
・自分の考えが書けない人がいる場合は、やってみたいこと、よいと聞いたことがあることなど、クラゲの頭に書く内容に幅を持たせる。

4．思考ツール（クラゲチャート）の活用手順

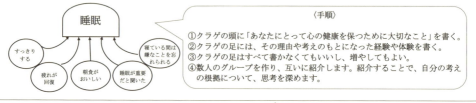

〈手順〉
①クラゲの頭に「あなたにとって心の健康を保つために大切なこと」を書く。
②クラゲの足には、その理由や考えのもとになった経験や体験を書く。
③クラゲの足はすべて書かなくてもいいし、増やしてもよい。
④数人のグループを作り、互いに紹介します。紹介することで、自分の考えの根拠について、思考を深めます。

＜参考文献＞
○田村　学：授業を磨く、東洋館出版社、2015年3月

○○○学校校内研修
○年○月○日実施

【心の健康を保つために必要なこと】

～HOW TO KEEP FIT　心の健康クラゲで考えよう～

〈手順〉
①クラゲの頭に「あなたにとって心の健康を保つために大切なこと」を書く。
②クラゲの足には、その理由や考えのもとになった経験や体験を書く。
③クラゲの足はすべて埋めなくてもよいし、増やしてもよい。

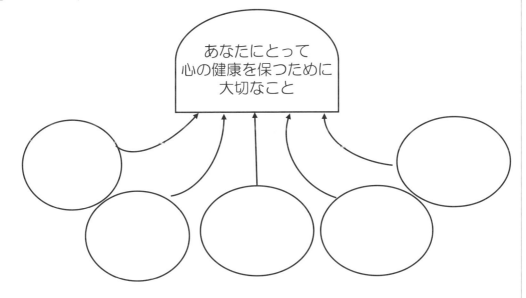

情報サイト紹介　▷　「こころの耳　働く人のメンタルヘルス・ポータルサイト～」
　　　　　　　　　厚生労働省　http://kokoro.mhlw.go.jp/

さまざまな角度から　➡　相談する　知る・調べる　学ぶ・実践する
　　　　　　　　　　　さまざまな角度でメンタルヘルスについて調べることができます。

e-ラーニングで正しい知識　➡　予防の第一歩は正しい知識から
　　　　　　　　　　　　　短時間で学べます。専門家の動画も見ることができます。

チェックリストも豊富　➡　時々チェックで早期発見・早期対応
　　　　　　　　　　　チェックの結果は保存できます。日々の健康観察として活用できます。

全国規模で相談先の情報が検索　➡　相談内容別にできます。
　　　　　　　　　　　　　　　いざというときは突然やってくるものです。
　　　　　　　　　　　「おや？？？」と思ったら、☞クリック

教員対象

養護教諭ワークシート開発研究会

<代　　表>
　三　木　とみ子　　　女子栄養大学　名誉教授

<企画協力>
　大　沼　久美子　　　女子栄養大学　准教授

<研究会メンバー>＊五十音順
　相　磯　り　か　　静岡県立沼津西高等学校　　養護教諭
　芦　川　恵　美　　埼玉県立総合教育センター　指導主事兼所員
　東　　　真理子　　東京都足立区立六木小学校　主任養護教諭
　岩　崎　和　子　　群馬県前橋市立天川小学校　養護教諭
　内　海　香　織　　埼玉県立川越南高等学校　　養護教諭
　種　田　恭　子　　埼玉県立川越高等学校　　　養護教諭
　木　下　沙央里　　東京都文京区立第六中学校　養護教諭
　小　谷　奈津子　　埼玉県志木市立宗岡第三小学校　養護教諭
　斉　藤　章　代　　東京都文京区立第三中学校　主幹教諭（養護教諭）
　澤　村　文　香　　埼玉県所沢市教育委員会　　主査兼指導主事
　馬　場　早　紀　　埼玉県熊谷市立大幡小学校　養護教諭
　平　田　　　望　　埼玉県新座市立石神小学校　養護教諭
　増　渕　一　恵　　東京都世田谷区立砧南小学校　養護教諭
　松　本　裕　子　　埼玉県立坂戸高等学校　　　養護教諭
　道　上　恵美子　　埼玉県立草加東高等学校　　養護教諭
　山　下　麻佑子　　埼玉県入間市立東金子中学校　養護教諭
　力　丸　真智子　　埼玉県朝霞市立朝霞第五小学校　養護教諭
　渡　部　実和子　　福島県郡山市立喜久田中学校　養護教諭

　■イラスト　　磯　崎　陽　子

（平成28年10月現在・敬称略）

【ワークシートのダウンロードサービスについて】

　本書に収録している各種ワークシートの中で、アレンジしてご利用できるワークシートを小社Webサイトから無料ダウンロードすることができます。先生方の取り組みに合わせて書き換えてご活用ください。

　　手順(1)　小社Webサイト（URL　http://shop.gyosei.jp）内で「ワークシート（養護）」で検索。

　　手順(2)　本書の紹介ページを開き、表紙画像の近辺にある「特設ページ」の文字をクリック。

　　手順(3)　ユーザー名　yougo
　　　　　　パスワード　kyoyu2016　を入力（すべて半角）。

　　手順(4)　ご希望のワークシートをクリック。
　　　　　　Microsoft Word、Microsoft Excelのファイル等が開きます。適宜ご自由にファイル名を付けて、お使いのコンピュータ等に保存してからご活用ください。

Microsoft Word、Microsoft Excelは、米国Microsoft Corporationの米国およびその他の国における登録商標です。

アクティブ・ラーニング対応！
養護教諭の実践に活きるワークシート・資料

平成28年12月12日　第1刷発行

　　編　著　養護教諭ワークシート開発研究会
　　　　　　代　　表／三木とみ子
　　　　　　企画協力／大沼久美子

　　発　行　㈱ぎょうせい

〒136-8575　東京都江東区新木場1-18-11
　　　　　　電　話　編集　03-6892-6508
　　　　　　　　　　営業　03-6892-6666
　　　　　　フリーコール　0120-953-431

〈検印省略〉　URL　http://gyosei.jp

印刷・製本　ぎょうせいデジタル㈱　©2016　Printed in Japan
※乱丁・落丁本は、送料小社負担にてお取り替えいたします。

ISBN 978-4-324-10160-5
(5108261-00-000)
〔略号：ワークシート（養護）〕